BROCK
HAUS
SCOLARIS

Profi in Deutsch

Üben und verstehen

6. Klasse

FAB

Autorin des Bandes ist Anne Scheller. Sie ist seit vielen Jahren als Autorin u. a. von Lernhilfen und Lehrwerken für das Fach Deutsch tätig.

Redaktionsleitung: Monika Lobeck
Gesamtprojektleitung: Denise Spindelndreier
Projektleitung: Denise Spindelndreier
Illustrationen: Sebastian Coenen, Mönchengladbach
Konzeption und Redaktion: lüra – Klemt&Mues GbR, Wuppertal
Schlusskorrektur: Andrea Rocha-Lieder
Satz: Claudia Adam, Mannheim
Musterlayout: tiff.any GmbH, Berlin
Cover: Jo Pelle Küker-Bünermann
Herstellung: Astrid Warkus
Druck und Bindung: Mohn Media Mohndruck GmbH, Gütersloh

www.brockhaus.de

ISBN 978-3-577-20038-7

Liebe Schülerin, lieber Schüler,

Profi in Deutsch zu werden, ist gar nicht so schwer!

Du willst deine Mitarbeit im Unterricht verbessern?
Du willst Sicherheit für Klassenarbeiten oder Schulaufgaben gewinnen?

Kein Problem!

Lerne gezielt und in deinem eigenen Lerntempo mit „Profi in Deutsch 6. Klasse".

Du kannst

- **zentrale Inhalte nach Lehrplan wiederholen:**
  Du verbesserst dich nachhaltig in den Kompetenzbereichen Lesen, Sprachverständnis (Rechtschreibung und Grammatik) und Texte schreiben und übst die Aufsatzformen, die in deinen Klassenarbeiten oder Schulaufgaben vorkommen.

- **an Fehlerschwerpunkten arbeiten:**
  Wenn du die zentralen Fehler nicht mehr machst, verbesserst du deine Noten garantiert.

- **Grundwissen schnell auffrischen:**
  Du findest zu Beginn jeder Lerneinheit die Inhalte, Methoden oder Strategien knapp und verständlich zusammengefasst.

- **deinen Lernerfolg zuverlässig selbst überprüfen:**
  Mit Hilfe von genau abgestimmten Tests kannst du deinen Lernfortschritt sofort selbst sehen. Nichts motiviert mehr als Erfolg!

- **nach deinen persönlichen Anforderungen wählen:**
  Entscheide selbst: Möchtest du zusätzliche Hilfen oder suchst du die besondere Herausforderung? Aufgaben mit unterschiedlichen Schwierigkeitsgraden bieten dir beides an.

Viel Erfolg beim Lernen und in der Schule wünscht
die Redaktion

Inhaltsverzeichnis

Grammatik

Texte schreiben

Wie benutze ich dieses Buch?

Mein Test 1

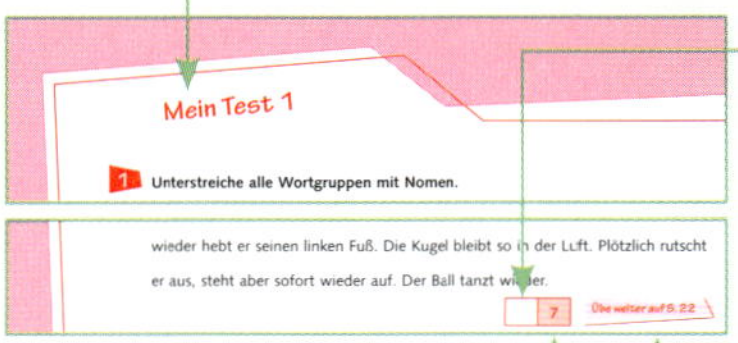
Mein Test 1

1 Unterstreiche alle Wortgruppen mit Nomen.

wieder hebt er seinen linken Fuß. Die Kugel bleibt so in der Luft. Plötzlich rutscht er aus, steht aber sofort wieder auf. Der Ball tanzt wieder.

7

1. Finde gezielt heraus, wo deine Wissenslücken sind.
2. Überprüfe deine Ergebnisse mit dem Lösungsheft. Trage deine Punktzahl hier ein. Für jeden richtig erledigten Schritt bekommst du 1 Punkt.
3. So viele Punkte kannst du erreichen.
   Du hast nicht alle Punkte erreicht? Die hier angegebene Lerneinheit frischt dein Wissen auf.

Informiere dich!

Das Wichtigste in Kürze: Hier schließt du Wissenslücken.

Trainiere dein Wissen!

Kontrolliere deine Ergebnisse mit dem Lösungsheft.

Wichtig: Nicht alle Aufgaben kannst du im Buch ausführen. Schaffe dir ein Heft an, in das du hineinschreiben kannst.

Hier bekommst du zusätzliche Tipps.

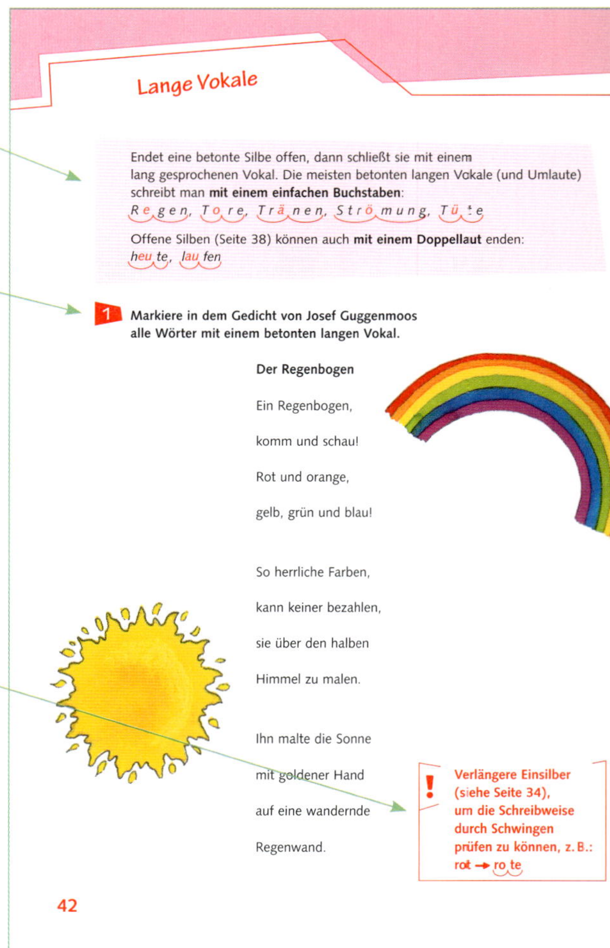
Lange Vokale

Endet eine betonte Silbe offen, dann schließt sie mit einem lang gesprochenen Vokal. Die meisten betonten langen Vokale (und Umlaute) schreibt man **mit einem einfachen Buchstaben**: Re gen, To re, Trä nen, Strö mung, Tü te

Offene Silben (Seite 38) können auch **mit einem Doppellaut** enden: heu te, lau fen

1 Markiere in dem Gedicht von Josef Guggenmoos alle Wörter mit einem betonten langen Vokal.

Der Regenbogen

Ein Regenbogen,
komm und schau!
Rot und orange,
gelb, grün und blau!

So herrliche Farben,
kann keiner bezahlen,
sie über den halben
Himmel zu malen.

Ihn malte die Sonne
mit goldener Hand
auf eine wandernde
Regenwand.

! Verlängere Einsilber (siehe Seite 34), um die Schreibweise durch Schwingen prüfen zu können, z. B.: rot → ro te

42

Mein Test 2

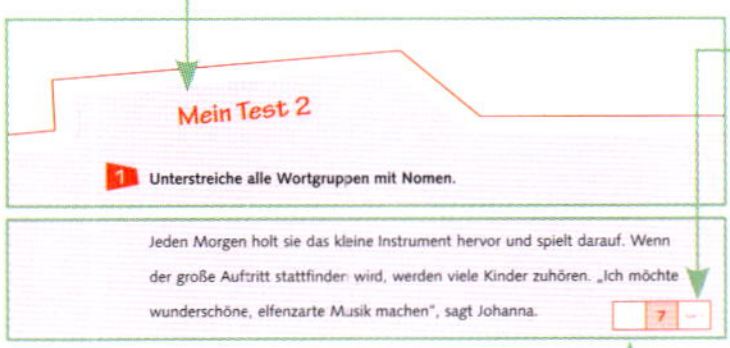
Mein Test 2

1 Unterstreiche alle Wortgruppen mit Nomen.

Jeden Morgen holt sie das kleine Instrument hervor und spielt darauf. Wenn der große Auftritt stattfindet, wird, werden viele Kinder zuhören. „Ich möchte wunderschöne, elfenzarte Musik machen", sagt Johanna.

1. Kontrolliere, ob das Gelernte sicher sitzt.
2. Trage zunächst deine Punkte aus „Mein Test 1" ein. Überprüfe deine Ergebnisse mit dem Lösungsheft.
3. Trage deine Punkte hier ein. Hast du mehr Punkte als in „Mein Test 1"? Gratuliere, du hast **mit Erfolg gelernt!**

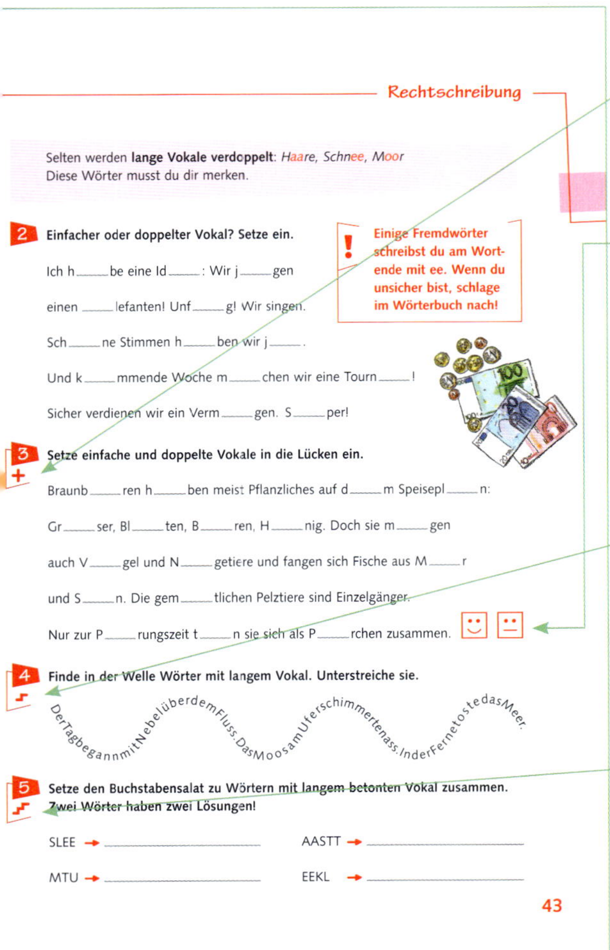
Rechtschreibung

Selten werden **lange Vokale verdoppelt**: *Haare, Schnee, Moor*
Diese Wörter musst du dir merken.

2 Einfacher oder doppelter Vokal? Setze ein.

Ich h___be eine Id___: Wir j___gen
einen ___lefanten! Unf___g! Wir singen.
Sch___ne Stimmen h___ben wir j___.
Und k___mmende Woche m___chen wir eine Tourn___!
Sicher verdienen wir ein Verm___gen. S___per!

! Einige Fremdwörter schreibst du am Wortende mit ee. Wenn du unsicher bist, schlage im Wörterbuch nach!

3 + Setze einfache und doppelte Vokale in die Lücken ein.

Braunb___ren h___ben meist Pflanzliches auf d___m Speisepl___n:
Gr___ser, Bl___ten, B___ren, H___nig. Doch sie m___gen
auch V___gel und N___getiere und fangen sich Fische aus M___r
und S___n. Die gem___tlichen Pelztiere sind Einzelgänger.
Nur zur P___rungszeit t___n sie sich als P___rchen zusammen.

4 Finde in der Welle Wörter mit langem Vokal. Unterstreiche sie.

DerTagbegannmitNebelüberdemFluss.DasMoosamUferschimmertenass.InderFernetostedasMeer.

5 Setze den Buchstabensalat zu Wörtern mit langem betonten Vokal zusammen. Zwei Wörter haben zwei Lösungen!

SLEE → ___ AASTT → ___
MTU → ___ EEKL → ___

43

Wende dein Wissen an!

\+ Diese Aufgabe fasst alle Trainingsschritte einer Lerneinheit zusammen.

Gleiche mit dem Lösungsheft ab:

- Hast du alles richtig gemacht? Bravo, kreuze 🙂 an.
- Du bist noch ein wenig unsicher? Nicht schlimm, kreuze 😐 an.

Die Stufe-1-Aufgabe (Stufe 1) gibt dir zusätzliche Unterstützung. Arbeite sie durch und versuche dich dann noch einmal an der +-Aufgabe.

Die Stufe-2-Aufgabe (Stufe 2) bietet dir eine Herausforderung an. Stelle dein Wissen unter Beweis.

Die 5-Schritt-Lesemethode anwenden

Die 5-Schritt-Lesemethode hilft dir, längere Texte gut zu verstehen:

1. **Überfliege** den Text: Was ist das **Thema**?
2. **Stelle Fragen**, die der Text vielleicht beantworten kann.
3. **Lies genau:** Markiere (einzelne) **Schlüsselwörter**, die Antworten auf deine Fragen geben. Unterstreiche **unbekannte Wörter** und kläre ihre Bedeutung.
4. Formuliere für jeden Sinnabschnitt eine **Zwischenüberschrift.** Meist bildet jeder Absatz eines Textes einen Sinnabschnitt.
5. **Fasse** den Inhalt mit eigenen Worten **kurz zusammen**.

Wegweiser im All

1 Mit deinen Eltern oder Verwandten machst du längere und kürzere Fahrten mit dem Auto: zur Schule, zum Einkaufen, zu Freunden oder in den Urlaub. Manche Wege seid ihr schon so oft gefahren, dass ihr sie auswendig kennt. Den Weg zu einem unbekannten Ziel finden Autofahrer mit Hilfe von Landkarten oder einem Straßenatlas.

2 Viel praktischer ist es, wenn die Karten in einem Computer gespeichert sind. Er berechnet den kürzesten oder schnellsten Weg zum Ziel. Wie der Beifahrer im Auto sagt einem der Computer, wo man entlangfahren soll. Er kennt sogar Geschwindigkeitsbeschränkungen und warnt vor Staus.

3 All das kann das Navigationsgerät oder kurz Navi. Es wird für den Fahrer gut sichtbar an die Frontscheibe geklebt. Vor der Fahrt gibt der Fahrer sein Ziel in den Mini-Computer ein. Das Navi errechnet den besten Weg dorthin. Auf seinem Bildschirm zeigt es immer den nächsten Streckenabschnitt an, und eine freundliche Stimme sagt, wann der Autofahrer abbiegen oder geradeaus fahren soll.

4 Dazu muss die Navigationshilfe jederzeit wissen, wo sich das Auto befindet. Es funkt Satelliten im Weltraum an. Diese können mit ihrem Signal einen kreisförmigen Bereich auf der Erde erreichen. Dort, wo sich die Kreise dreier Satelliten überschneiden, befindet sich das Fahrzeug. Ein vierter Satellit übernimmt einen zusätzlichen Sicherheits-Check. Das Navi kennt nun die Position des Autos auf wenige Meter genau. Und es erkennt dessen Geschwindigkeit.

5 Und wenn man sich verfährt? Auch kein Problem. Das Navi lässt sich sofort von den Satelliten die aktuelle Position errechnen und bestimmt mit Hilfe der gespeicherten Karten den neuen Weg zum Ziel.

1 Überfliege den Text: Versuche, das Thema schnell zu erfassen.
Schreibe kurz auf, worum es geht.

____

2 a) Was weißt du bereits über dieses Thema? Notiere Stichworte.

____

b) Sicher hast du Fragen an den Text:
Was möchtest du wissen? Schreibe deine Fragen auf.

! W-Fragen können helfen, einen Text zu erschließen:
Wer? Was? Wo? Wann? Wie? Warum? Mit welchen Folgen?

Wie werden Autofahrer ans Ziel geführt?

____

____

____

3 Lies genau:
a) Markiere (einzelne) Schlüsselwörter im Text, die Antworten auf deine Fragen geben. Schreibe sie neben die Fragen in Aufgabe 2.
b) Unterstreiche unbekannte Wörter, notiere ihre Bedeutung neben dem Text.

4 Diese Zwischenüberschriften passen zu den Absätzen des Textes.
Trage neben jeder Zwischenüberschrift die Nummer des Absatzes ein, dessen Inhalt sie wiedergibt.

☐ Ein Mini-Computer hilft
☐ Wenn man sich verfährt
☐ Satelliten arbeiten mit
☐ Das Navi im Auto
1 Autofahren auf bekannten und unbekannten Wegen

5 Fasse den Inhalt des Textes knapp mit eigenen Worten zusammen.
Schreibe in dein Heft.

Einen Sachtext lesen und verstehen

Führe zunächst die ersten drei Schritte durch:

1. **Überfliege** den Text: Was ist das **Thema**? Suche nach Überschriften und Schlüsselwörtern.
2. **Stelle Fragen**, die der Text vielleicht beantworten kann, z. B.: *Was? Wie? Wo? Wer? Wann? Warum?*
3. **Lies genau:** Unterstreiche (einzelne) **Schlüsselwörter**, die Antworten auf deine Fragen geben. Markiere dir **unbekannte Wörter** und kläre ihre Bedeutung. Notiere die Bedeutung in der Randspalte.

1 **Überfliege den Sachtext.** 1

Feuer aus dem Erdinneren

Unter unseren Füßen spüren wir normalerweise weiches Gras, lockere Erde oder festen Stein. Aber die kalte, feste Schicht an der Erdoberfläche ist ziemlich dünn. Im Erdinneren ist es so heiß, dass alle Gesteine zu Magma zerschmelzen. Das Erdinnere ist also flüssig. Durch Spalten und Löcher tritt das Magma an die Erdoberfläche. Man nennt es nun Lava. Diese wird manchmal in plötzlichen Explosionen hoch in die Luft geschleudert; manchmal ergießt sie sich rotglühend und träge fließend auf die Erde.

An diesen Stellen entstehen Vulkane. An der Luft erkaltet die Lava und wird zu festem Gestein. So entsteht nach und nach ein hoher Berg, der Vulkankegel. An seiner Spitze ist meist ein Loch, der Krater. Aus ihm dampft und brodelt es häufig, auch wenn keine Lava austritt.

Bekannte Vulkane liegen zum Beispiel in Italien; sie heißen Ätna und Vesuv. Aber auch Deutschland ist durch Vulkane geprägt worden, vor allem in der Eifel. Hier gibt es vulkanische Berge, Vulkankrater und fest gewordene Lavaströme.

2 **Hast du das Thema beim Überfliegen gut erfasst? Kreuze an.**

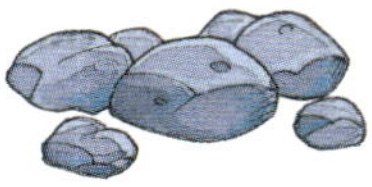 ☐  ☐  ☐  ☐

3 **Welche Fragen kann der Sachtext beantworten?**
Wähle passende Fragewörter aus und setze sie ein.

1. ______________ ist ein Vulkan?
2. ______________ entstehen Vulkane?
3. ______________ entstehen Vulkane als kegelförmige Berge?
4. ______________ gibt es Vulkane?

Wann | Was | Wer | Warum | Wo | Wie

4 **Lies ein zweites Mal, jetzt aber genau.**
a) Unterstreiche Schlüsselwörter gelb.
b) Markiere dir unbekannte Wörter. Kläre ihre Bedeutung und notiere diese in der Randspalte.

! **So findest du die wirklich wichtigen Schlüsselwörter: Überfliege für jede W-Frage den Text mit den Augen und suche Nomen, die Antwort auf diese W-Frage geben.**

5 **Der folgende Satz schließt den Sachtext über Vulkane ab.**

Die Vulkane in der Eifel sind heute nicht mehr aktiv. Ihre Aktivität begann im Tertiär vor 50 Millionen Jahren und endete vor etwa 10.000 Jahren.

a) Notiere: Welche W-Frage beantwortet er?

____

b) Beantworte diese W-Frage in einem vollständigen Satz:
Das Wortmaterial hilft dir, den Satzbeginn zu formulieren.

der | die | Eifel | in | Vulkane | waren

____

c) Es gibt ein schwieriges Wort in diesem Satz: Schreibe die Bedeutung auf.

____

6 **Hast du den Text gut verstanden?** 3
Erkläre diese Wörter.

Magma: ______________________________

Lava: ______________________________

Vulkankegel: ______________________________

Krater: ______________________________

Eifel: ______________________________

Arbeite so weiter an deinem Sachtext:

4 Finde für jeden Sinnabschnitt eine **Zwischenüberschrift**, die den Inhalt des Sinnabschnittes zusammenfasst.

5 Fasse den **Inhalt** des ganzen Textes **kurz zusammen**.
Dafür gibt es verschiedene Methoden, z. B.:
- Du kannst z. B. einen **Stichwortzettel** erstellen, der die Zwischenüberschriften und Schlüsselwörter geordnet wiedergibt.
- Du kannst den Inhalt auch knapp und **mit eigenen Worten** mündlich oder schriftlich im Zusammenhang wiedergeben.

7 **Ergänze die Zwischenüberschriften so, dass sie die Sinnabschnitte des Sachtextes auf Seite 10 bis 11 zusammenfassen.** 4

Aktivitäten | Deutschland | Entstehung | Erdinnere | Italien | Lava

1. Informationen über das ______________
2. Magma tritt als ______________ an die Oberfläche
3. ______________ eines Vulkans
4. Vulkane in ______________ und ______________
5. ______________ der Vulkane in Deutschland

8 +

a) Ergänze den Gliederungsvorschlag für einen Stichwortzettel.
b) Fasse den Inhalt des Textes ganz kurz im Heft zusammen.

! Zusammenfassungen des Inhaltes schreibst du kurz, sachlich und mit eigenen Worten. Ein Stichwortzettel hilft, die Gliederung in eine sinnvolle Reihenfolge zu bringen.

Sinnabschnitt – Zwischenüberschrift	Schlüsselwörter
1	*Erdinneres,*
2	*Erdoberfläche,*
3	*Vulkane,*
4	
5	

9

Dies ist ein weiterer Stichwortzettel.
Worum geht es in diesem Sachtext hauptsächlich? Kreuze an.

Sinnabschnitt – Zwischenüberschrift	Schlüsselwörter
Lebensraum des Schneeleoparden	*Gebirge, Schnee, Kälte*
Gefährdung des Schneeleoparden	*schönes Fell, Jagd ist verboten*

☐ Jagd ☐ Gebirge ☐ Schneeleoparden

10

Erkläre die Bedeutung der unterstrichenen Wörter.

Der Schneeleopard lebt im Himalaya. Es ist verboten, ihn zu jagen. Wegen seines schönen Fells geschieht das illegal.

Himalaya: ______________________________

illegal: ______________________________

Diagramme, Tabellen und Schaubilder verstehen

In einer **Tabelle** sind Zahlen oder Werte in Zeilen und Spalten angeordnet.

Ein **Diagramm** gibt Zahlen oder Werte in Form von Linien, Kreisen, Säulen oder Balken wieder.

Um sie zu verstehen, musst du folgende Merkmale lesen:

- **Überschrift**,
- **Beschriftung** (an den Achsen des Diagramms oder an den Spalten und Zeilen einer Tabelle),
- **Erklärungstext**.

1 **Betrachte die Tabelle. Markiere farbig, was dir – außer den Zahlen selbst – beim Lesen der Tabelle helfen kann.**

Das Wetter dieser Woche

	Tiefsttemperatur in °C	Höchsttemperatur in °C
Montag	10	20
Dienstag	12	23
Mittwoch	10	18

2 **Lies die Tabelle und ergänze den Lückentext.**

Das Wetter vor 100 Jahren

	Tiefsttemperatur in °C	Höchsttemperatur in °C
1.10.1911	11	22
2.10.1911	8	17
3.10.1911	9	16

Vor ______________________ begann der Oktober freundlich und es wurde ________ Grad warm. In der zweiten Oktobernacht war es mit ________ Grad ziemlich kühl. Die Höchstwerte kletterten am ___________ und ___________ Oktober bei Regen und Gewittern immerhin auf 17 und 16 Grad.

3 **Lies den Sachtext und ergänze in der Tabelle die fehlenden Informationen.**

Im brasilianischen Regenwald regnet es viel; es kommen 1997 mm Niederschlag im Jahr zusammen. Im nördlichen Indien regnet es weniger, nämlich nur 642 mm jährlich. Dafür ist es ähnlich warm wie in Brasilien: 25 °C. In Seattle im Norden der USA ist es mit einer Jahresdurchschnittstemperatur von 11,2 °C meist kühl.

	durchschnittliche Temperatur in °C	Niederschlag im Jahr in mm
Manaus (Brasilien)	26,9	
Neu Delhi (Indien)		
		857

4 **Man unterscheidet verschiedene Arten von Diagrammen. Die Namen sind leicht zu verstehen: Sie richten sich nach der Form der Darstellung. Welches Diagramm heißt wie? Ordne die Buchstaben richtig zu.**

☐ Balkendiagramm ☐ Kreisdiagramm ☐ Säulendiagramm ☐ Kurvendiagramm

(A) Temperatur in °C

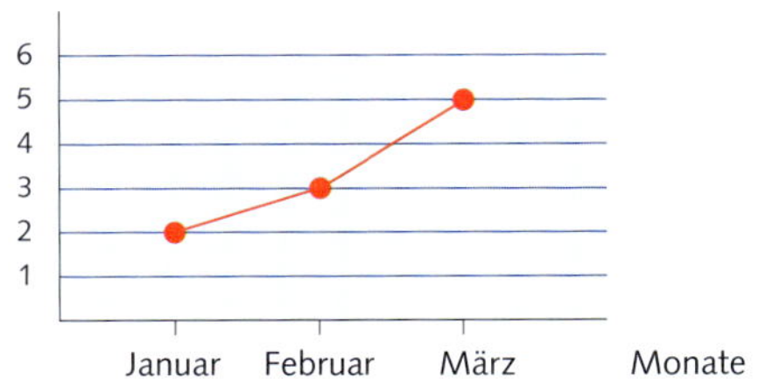

(B) Niederschlag in mm

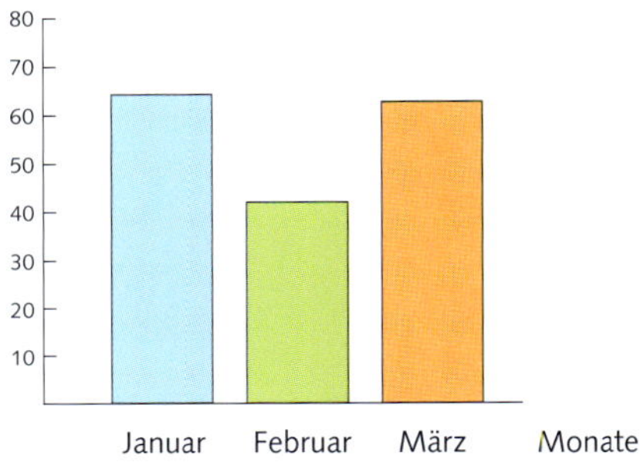

(C) Regentage pro Quartal

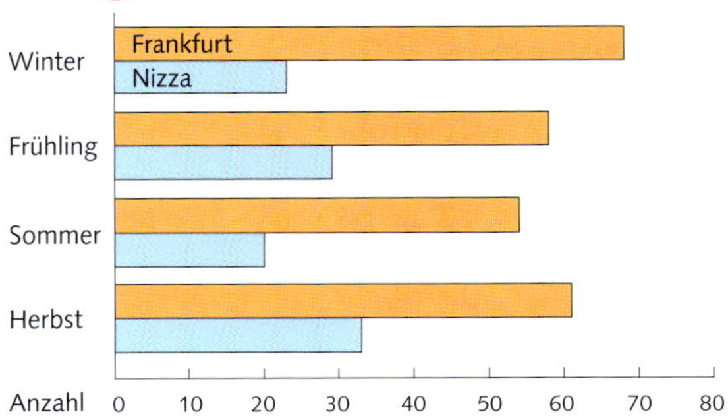

(D) Wasservorkommen auf der Erde

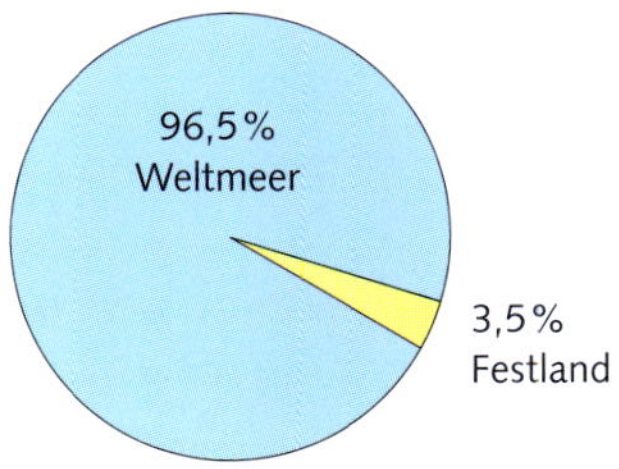

Diagramme, Tabellen und Schaubilder verstehen

In einem **Schaubild** werden Zahlen oder Fakten als Bild dargestellt.

Oft erkennst du selbst, was mit einem Bild gemeint ist.
Die **Legende** erklärt, welches Bildsymbol was bedeutet.

Auch **Überschriften**, **Stichwörter im Bild** oder **Erklärungstexte** können dir wichtige Informationen liefern.

Regenwetter

Sonnenschein

5 **Was sollte Marla heute auf dem Schulweg dabeihaben? Kreuze an.**

- ☐ Sonnenhut
- ☐ Windjacke
- ☐ Regenschirm

Das Wetter von heute

6 **Lies diese Legende zur Wetterkarte.**
Betrachte dann die Wetterkarte und fülle den Lückentext aus.

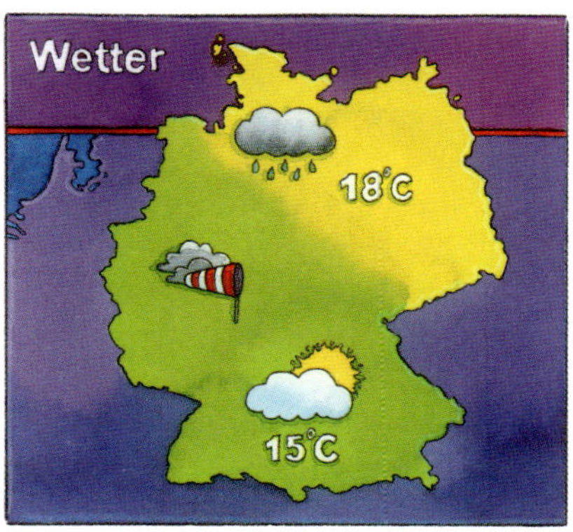

 regnerisch

 wolkig

 wechselnd wolkig und sonnig

 sonnig

 windig

 stürmisch

Das Wetter wird morgen im Süden ______________________________,

im Norden ______________________ .

Im Westen wird es ____________________ sein. Die Temperaturen schwanken

zwischen __________ Grad im Norden und __________ Grad im Süden.

7 +

Betrachte die Tabelle und das Diagramm. Beantworte die Fragen in Stichworten.

Durchschnittliche Internetnutzung in Minuten
(Klasse 6a, Wert pro Schüler/in)

Nutzungsart	Minuten am Tag
surfen	17
soziale Netzwerke	38
E-Mails	12
chatten	25
spielen	29

Internetnutzung Klasse 6a:
24 Schülerinnen und Schüler

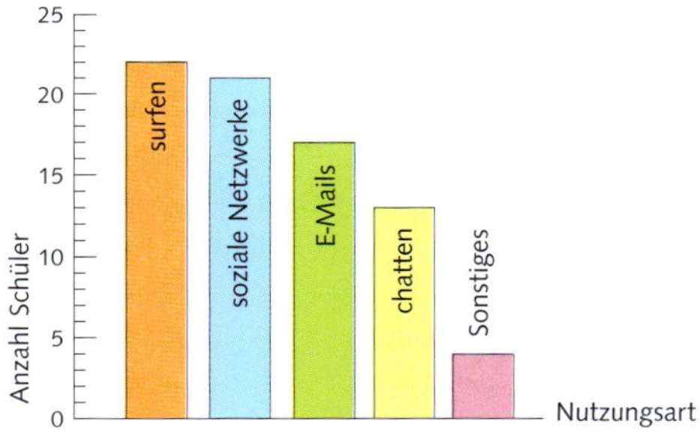

1. Mit welchem Internetangebot verbringt ein Schüler täglich am meisten Zeit? __________
2. Wie viele Schüler der Klasse 6a schreiben E-Mails und wie viel Zeit verbringen sie damit täglich? __________
3. Was macht ein Schüler im Durchschnitt 25 Minuten am Tag? __________
4. Wozu nutzen 22 Schüler der Klasse 6a das Internet? __________

8

Welche Art von Diagramm ist das? Was ist das Thema? Schreibe auf die Linien.

Computerbesitz in der Klasse 6a

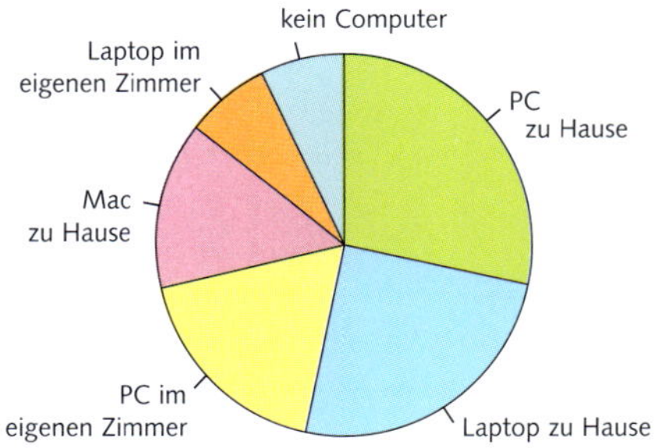

Diagrammart: __________

Thema: __________

____

____

9

Finde eine Überschrift für diese Tabelle.

Netzwerk	Mitglieder in der Klasse 6a
SchülerVZ	17
Facebook	14

____

____

Erzähltexte lesen und verstehen

Das Jugendbuch – ein Auszug

Jugendbücher erzählen über jugendliche Hauptfiguren. Die Handlung kann in unserer echten Welt spielen oder ganz und gar erfunden sein.
Frage beim Lesen Folgendes:

- Was finde ich am Text besonders auffällig, interessant, lustig, wichtig?
- Wer spielt mit? – **Figur/en**
- Wo und wann spielt die Geschichte? – **Ort** und **Zeit**
- Was geschieht? – **Handlung**

1 **Lies diesen Auszug aus „Verbotene Welt" von Isabel Abedi.**

Otis hat mit seiner Klasse einen Ausflug zur Freiheitsstatue in New York gemacht. Dort wird er über Nacht eingeschlossen.

Doch der Blick, der sich ihm von der Aussichtsterrasse bot, war alles andere als das, was Otis erwartet hatte. […] Da waren keine Wolkenkratzer am Horizont! […] Otis hatte plötzlich das sonderbare Gefühl, sich überhaupt nicht mehr an der frischen Luft zu befinden. Die Luft hier draußen war klamm. Es roch nach Staub und irgendwie auch nach … Keller. […]
Doch dann wurde es plötzlich hell.
Nicht taghell, sondern so, als wäre der Vollmond aus den Wolken gefallen.
Als riesige weiße Kugel hing er vom Himmel herunter.
An einer Schnur.
An einer Schnur?!
Otis musste sich an der Brüstung festhalten, weil ihm die Beine wegsackten. […]
Ein Quietschen ertönte. Dann ein Poltern, oder nein … eher ein Stampfen, laut und rhythmisch. Und näher kam es, immer näher, bis sich vor dem weißen Mondlicht plötzlich ein Schatten abhob. Ein gigantischer Schatten, wie von einem Riesen.

2 **Welche Frage beantwortet der Text nicht?**
Kreuze an.

- ☐ **A** Welche Figuren spielen mit?
- ☐ **B** Wo spielt die Geschichte?
- ☐ **C** Wann spielt die Geschichte?
- ☐ **D** Was geschieht?

3 +

Lies die Fragen zum Text. Kreuze die richtigen Antworten an.
Versuche es zuerst, ohne im Text nachzulesen!
Füge die Buchstaben hinter den richtigen Lösungen zusammen: Du erfährst, wie das Mädchen heißt, das gemeinsam mit Otis alle Abenteuer besteht.

1. Wie heißt die Hauptfigur?
   - ☐ Otis (O) ☐ Atos (A)
2. Welche Figur spielt noch mit?
   - ☐ der Mond (M) ☐ ein gigantischer Schatten (L)
3. Was sucht Otis am Horizont?
   - ☐ Wolkenkratzer (I) ☐ Schiffe (E)
4. Was riecht Otis?
   - ☐ Regen (L) ☐ Staub (V)
5. Wo glaubt Otis, eingesperrt zu sein?
   - ☐ in einem Keller (I) ☐ in einem Turm (K)
6. Wo hängt der Vollmond?
   - ☐ in den Wolken (E) ☐ an einer Schnur (A)

Lösung: ___ ___ ___ ___ ___ ___

4

Streiche im folgenden Text die falschen Wörter durch.

Otis wird in der Freiheitsstatue eingeschlossen/aufgehalten.
Diese befindet sich scheinbar nicht mehr/immer noch in New York.
Sie scheint plötzlich in einem Keller zu fliegen/stehen.
Von oben leuchtet der Halbmond/Vollmond.
Da sieht Otis einen riesenhaften Schatten/Körper.

5

Warum sacken Otis die Beine weg?
Färbe zwei Möglichkeiten ein.

vor Müdigkeit

vor Überraschung

vor Muskelkater

vor Angst

Die Fabel

In einer Fabel handeln nur **Tiere**. Sie haben **typische menschliche Eigenschaften**. Der Fuchs z. B. verkörpert Klugheit, die Gans Dummheit.

Aus einer Fabel sollst du etwas lernen. Diese **Lehre** wird erst am Schluss deutlich: durch die Handlung oder durch eine ausdrückliche Erklärung.

1 **Welche Eigenschaften verkörpern diese Tiere? Verbinde.**

Gier — Macht — Faulheit

2 **Lies die Fabel. Welche Eigenschaften haben die beiden Tiere? Kreuze jeweils eine Eigenschaft an.**

Der Adler und die Schildkröte

Eine Schildkröte bat einen Adler, ihr Unterricht im Fliegen zu geben. Der Adler wollte es ihr ausreden, aber die Schildkröte bestand darauf. Schließlich gab der Adler nach. Er trug die Schildkröte in die Luft und ließ sie von weit oben herabstürzen. Die Schildkröte konnte nicht fliegen und starb.

(nach Aesop)

Adler	Schildkröte
☐ Mut	☐ Dummheit
☐ Stärke	☐ Mut
☐ Klugheit	☐ Geiz

3 **Lies die Lehre zur Fabel vom Adler und der Schildkröte. Was passt? Streiche die falschen Wörter durch.**

A Strebe nur/nicht nach Dingen, die die Natur dir nicht gegeben hat.

B Was die Natur/Klugheit dir nicht gegeben hat, kann niemand geben/nehmen.

4 +

Lies diese Fabel.
Kreuze an, welche Sätze richtig und welche falsch sind.

Der Fuchs und der Esel

Ein Esel warf sich ein Löwenfell um die Schultern, um die andern Tiere zu erschrecken. Er wanderte durch den Wald und schrie laut: „I-aah“. Alle erschraken, nur der Fuchs nicht: „Mein Lieber, auch ich würde vor dir erschrecken, wenn ich dich nicht an deinem ‚I-aah‘ erkannt hätte. Ein Esel bist und bleibst du!“ Mancher Dumme in prächtigem Gewande gälte mehr, wenn er schwiege, denn: Mit Schweigen verrät sich niemand.

(nach Aesop)

		richtig	falsch
A	Alle Tiere erschrecken vor dem Esel.	☐	☐
B	Der Löwe erkennt den Esel.	☐	☐
C	Der Esel verrät sich durch seine langen Ohren.	☐	☐
D	Der Esel steht für Dummheit.	☐	☐
E	Der Fuchs steht für Gier.	☐	☐
F	Wenn man schweigt, ist man auf der sicheren Seite.	☐	☐

5

Welche Redensart fasst die Lehre der Fabel vom Fuchs und vom Esel am besten zusammen? Kreuze an.

☐ **A** etwas mit dem Mantel des Schweigens bedecken
☐ **B** Reden ist Silber, Schweigen ist Gold.
☐ **C** Morgenstund' hat Gold im Mund.

6

Was ist die Lehre dieser Fabel? Setze die Wörter ein.

Ein hungriger Hahn fand einen Diamanten.
„Lieber hätte ich ein paar Gerstenkörner!“, rief er und warf ihn fort.

(nach Aesop)

Nahrung | Reichtum

______________________ ist wichtiger als ______________________ .

Erzähltexte lesen und verstehen

Gedichte vortragen

Ein Gedicht erkennt man leicht: Es besteht aus kurzen Zeilen, **Verse** genannt, die oft zu Absätzen oder **Strophen** zusammengefasst sind.

Viele Gedichte reimen sich. Beim **Endreim** klingen die Enden der Verse vom letzten betonten Vokal an gleich.

Gedichte sind meist kurz und vermitteln in ihrer besonderen Form viel Inhalt. Daher muss man sie beim Vorlesen **gut betonen**. Lies laut und deutlich und betone besonders:

- die Anfänge und Enden von Sätzen,
- die wichtigsten Wörter,
- die Reime.

Mache kurze Pausen zwischen den Strophen.

1 **Lies das Gedicht von James Krüss.**
Welches Tier ist beschrieben?
Zeichne es unter den Baum neben dem Gedicht.

Das erste Tier hat lange Beine
und sitzt uns niemals auf dem Schoß.
Man führt es auch nicht an der Leine,
denn dafür ist es viel zu groß.

Hat dieses arme Tier mal Halsweh,
was immerhin passieren kann,
dann hat es sieben Meter Halsweh
und ist wahrhaftig übel dran.

Es lebt – zumeist bei warmem Wetter –
in Afrika. (Das merke dir!)
Dort frisst es von den Bäumen Blätter.
Nun fragen wir:
Wie heißt das Tier?

2 **Markiere im Gedicht von James Krüss Satzgrenzen mit senkrechten Strichen.**
Kreise die wichtigsten Wörter jedes Satzes ein.
Unterstreiche Wörter, die sich reimen, in der gleichen Farbe.
Übe vor dem Spiegel, das Gedicht gut betont vorzutragen.

3 +
Lies das Gedicht von Christian Morgenstern.
Markiere Reimwörter farbig und Satzgrenzen mit senkrechten Strichen.
Trage deiner Familie das Gedicht laut und gut betont vor.

Das große Lalulā

Kroklokwafzi? Semememi!
Seiokrontro – prafriplo:
Bifzi, bafzi; hulalemi:
quasti basti bo ...
Lalu lalu lalu lalu la!

Hontraruru miromente
zasku zes rü rü?
Entepente, leiolente
Klekwapufzi lü?
Lalu lalu lalu lalu la!

Simarar kos malzipempu
Silzuzankunkrei (;)!
Marjomar dos: Quempu Lempu
Siri Suri Sei []!
Lalu lalu lalu lalu la!

4
Wo sind hier die Reime? Markiere sie farbig.
Weißt du, welches Tier gemeint ist? Schreibe auf.

Das zweite Tier (mit spitzem Schnäuzchen)
kann man nicht streicheln, weil es sticht.
Es ist kein Huhn und auch kein Käuzchen,
denn Flügel, Kinder, hat es nicht.

____

5
Welches Reimwort fehlt hier? Setze es ein.
Trage das Gedicht von James Krüss gut betont vor.

Der Löffel sprach: „Ich war im Mund
des Fürsten von Groß-Sintern."
Das Fieber-Thermometer sprach:

„Ich war sogar im ______________________ ."

Wie gut kann ich lesen?

1 **Überfliege den Sachtext. Kreuze das Thema an.**

Der Computer im Kopf

1 Lachen, Sprechen, Laufen, Lernen und alles, was du noch so tust, denkst und fühlst, das wird von einer Art Computer im Kopf gesteuert: dem Gehirn.

2 Im Großhirn werden alle Erlebnisse abgespeichert und sortiert. Es beinhaltet also dein Gedächtnis. Das Kleinhirn steuert deine Bewegungen. Der Hirnstamm sorgt dafür, dass automatische Aktivitäten deines Körpers wie Atmung, Herzschlag und Verdauung richtig ablaufen.

3 Das Gehirn ist über Nerven mit dem Körper verbunden. In ihnen wandern wie in einer Telefonleitung blitzschnell Informationen umher. Der Finger an der Kerze sendet zum Beispiel „Au, ist das heiß!" ans Gehirn. Das Gehirn antwortet: „Dann hau schnell ab!"

☐ **A** ein Computer ☐ **B** dein Körper ☐ **C** das Gehirn

2 **Welche W-Fragen beantwortet der Text?**
Sortiere die Wörter und schreibe die Fragen auf.

Gehirn? | ist | Was | das

→ ____

tut | Gehirn? | das | Was

→ ____

ist | Gehirn | das | verbunden? | mit | dem | Körper | Wie

→ ____

3 **Lies den Sachtext „Der Computer im Kopf" genau durch.**
a) Unterstreiche Schlüsselwörter.
b) Streiche im Wortmaterial das falsche Schlüsselwort für jeden Sinnabschnitt.

Sinnabschnitt 1 Art | Computer | Kopf | Gehirn

Sinnabschnitt 2 Großhirn | Erlebnisse | Gedächtnis | Kleinhirn | Hirnstamm

Sinnabschnitt 3 Nerven | blitzschnell | Informationen | Hormone

4 **Betrachte das Schaubild von Gehirn und Nerven.**
Was verrät es dir?
Streiche falsche Wörter durch.

Das Großhirn liegt ganz unten/oben.

Das Großhirn ist der größte/kleinste Teil des Gehirns.

Der Hirnstamm ist rund/länglich.

Das Kleinhirn liegt unter dem Großhirn/Hirnstamm.

Vom Kleinhirn/Hirnstamm aus verlaufen die Nerven in den Körper.

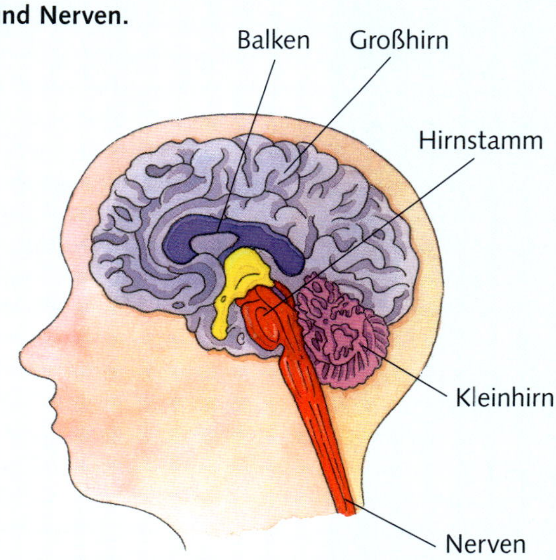

5 **Ordne die Zwischenüberschriften den drei Sinnabschnitten des Sachtextes „Der Computer im Kopf" zu.**
Trage die richtige Nummer ein.

Nachrichten im Körper → Sinnabschnitt ☐

Das Gehirn als Steuerzentrale → Sinnabschnitt ☐

Wie das Gehirn funktioniert → Sinnabschnitt ☐

6 **Erstelle einen Stichwortzettel.**
Fasse den Text anschließend kurz und mit eigenen Worten zusammen:
Berichte mündlich oder schreibe in dein Heft.

Mein Test 1

1 **Markiere im Text alle Nomen und Nominalisierungen mit ihren Begleitern.**

SIGGI, DAS SCHLOSSGESPENST, BELAUSCHT EIN GESPRÄCH UNTER

MENSCHEN. „GUT DING WILL WEILE HABEN!", SAGEN SIE.

UND: „ALLES GUTE KOMMT VON OBEN."

SIGGI ERSCHRICKT. WARUM VON OBEN? ER WOHNT DOCH IM KELLER!

MUSS ER JETZT AUF DEN DACHBODEN UMZIEHEN?

DA GIBT ES ABER NICHTS LUSTIGES ZU TUN! ES IST ZUM HEULEN!

ABER HEULEN KANN ER ALS GESPENST ZUM GLÜCK SEHR GUT.

| | 12 |

Übe weiter auf S. 28

2 **Schreibe die fehlenden Buchstaben in die Lücken.**
Es fehlen nur b, p, d, t, g und k.

A „Was für ein Spu___ ! Alles Lu___ und Tru___!"

Siggi heulte in einem Atemzu___.

B „Eins, zwei, pie___, ich hab dich lie___",

sagte die Maus, als sie Käse rie___.

C „Fahr' mehr Ra___, das ist 'ne gute Ta___."

Und wer das tut, ist wirklich har___!

| | 10 |

Übe weiter auf S. 34

3 **In einigen der Lücken fehlt ein weiterer Konsonant.**
Entscheide, wo, und trage ein.

das Geheimni___s

er si___ngt

sie la___lt

die Zoowärteri___nen

zi___tern

klo___pfen

| | 6 |

Übe weiter auf S. 38

4 **Finde im Wortgitter elf Wörter mit langen Vokalen. Schreibe sie auf die Linien.**

I	N	M	Ü	T	F	L	U	R	U
E	C	H	Ö	H	L	E	X	O	M
M	A	N	N	T	O	P	M	Y	I
A	N	J	Ä	H	R	L	I	C	H
A	S	S	L	A	C	K	R	O	R
S	P	I	E	G	E	L	E	Z	M
S	I	H	M	E	L	O	H	B	T
U	G	C	O	L	Z	B	A	U	M
N	E	I	B	A	N	D	R	O	I
D	L	O	H	N	A	G	O	L	D

___

___

___

___

___

___

___

___

___

___

11

Übe weiter auf S. 42

5 **Schreibe die Bildwörter auf.**

Tante Lina sitzt am  und trinkt dort einen heißen .

Viel lieber noch wär' sie am  und führe dort mit einem .

Stattdessen schaut sie nun auf . O je!

___

5

Übe weiter auf S. 43

6 **s, ss oder ß? Trage ein.**

Drau___en mus___ es hei___er werden. Sonst geht Kilian nie wieder die Stra___e hinab, um einen der besten Anana___ei___becher der Stadt zu e___en. Dazu sucht er das erste Gescho___ des gro___en Hau___es am Rathau___platz auf, lie___t die Spei___ekarte des Ei___kaffees und bestellt.

14

Übe weiter auf S. 48

Nomen erkennen

Die meisten Wörter unserer Sprache sind Nomen (Substantive).
Nomen werden immer **großgeschrieben**.

Im Satz haben Nomen meist Begleiter. Zusammen mit ihnen bildet ein Nomen eine Wortgruppe. Das Nomen steht immer am Schluss dieser Wortgruppe. Dies sind die **Begleiter des Nomens**:

• Artikel:	*Sie sieht das Rad.*	*Er lenkt den Roller.*
• Pronomen:	*Sie liebt ihr Rad.*	*Er pflegt diesen Roller.*
• Adjektiv:	*Sie mag schöne Räder.*	*Er sammelt neue Roller.*
• Mengenangabe:	*Sie hat viele Räder.*	*Er hat vier Roller.*
• Präposition (+ Artikel):	*Sie fährt mit dem Rad.*	*Er wartet beim Haus.*

1 **Welche der Wörter sind Nomen? Markiere sie farbig.**

SECHSTKLÄSSLER   TOLL

KUNSTSTÜCK   GEFÄHRLICH

TRAINING   ÜBUNG

! **Wenn du in Gedanken einen Begleiter einfügen kannst, handelt es sich um ein Nomen:**
Jana isst Eis.
Jana isst das Eis.

2 **Bilde aus den Wörtern des Wortmaterials zwei Wortgruppen mit Nomen, die mit dem Verb einen sinnvollen Satz ergeben.**

der   ein   fleißige   Kunststück   schwieriges   Sechstklässler

____ übt

____ .

! **Wörter mit den Endungen *-heit, -ing, -keit, -ling, -nis, -sal, -schaft, -tum und -ung* sind immer Nomen.**

3 **Trage passende Endungen ein.**

Brauch______ Verwandt______ Gelegen______ Möglich______ Erleb______

4 + **Paul erkennt die Nomen nicht, also schreibt er alles klein. Aufgepasst: Finde und unterstreiche alle Nomen in seiner Mail.**

Hi Sven!

Heute nach der schule will ich mit meinem fahrrad zur rampe.

Ich habe den traum, endlich die ganze drehung zu schaffen.

Tom und Karlotta werden auch zum training kommen.

Sie bringen ihre neuen bikes mit. Wir treffen uns um drei an der bushaltestelle. Kommst du mit? Denke an deinen schutzhelm!

Dein Paul

5 **Schreibe aus Pauls Mail alle Wortgruppen mit Nomen ab.**

nach der Schule,

! **Die Nomensignale Artikel + Präposition können verschmolzen sein, z. B.: *bei + dem = beim, zu + dem = zum.***

6 **Verbinde die Wortteile zu sinnvollen Nomen. Finde für jede Endung ein weiteres Beispiel und schreibe es auf die Linien.**

Heiter | sal | Schön | schaft | Lieb | keit | Zeug | tum

Schick | ung | Freund | ling | Reich | nis | Heiz | heit

Heizung,

Groß- und Kleinschreibung

Nominalisierungen erkennen

Im Satz können Wörter anderer Wortarten als Nomen (Substantive) verwendet werden: Sie werden „nominalisiert“. Nominalisierungen erkennst du an denselben Begleitern wie die Nomen (siehe Seite 28):

Ich übe kraulen. → *Das Kraulen macht mir heute Spaß.*
Schwimmen ist anstrengend. → *Das Anstrengende ist die Armbewegung.*

1 **Schreibe kurze Sätze, in denen die angebotenen Verben und Adjektive in nominalisierter Form vorkommen. Verwende sie mit dem bestimmten Artikel.**

langweilig → ______________________________

laufen → ______________________________

schwimmen → ______________________________

am lustigsten → ______________________________

grau → ______________________________

schreiben → ______________________________

2 **Schreibe S oder s in die Lücken.**

A „Dein Kater ist so ____üß!“, findet Lara.

„Ja, Leo ist ein ____üßer!“, meint Max.

B Max will ____chwimmen gehen, denn das ____chwimmen ist sein Hobby.

C Saliha geht jeden Mittwoch in den Reitstall. Zuerst ____triegelt sie ihr Pferd.

Danach beginnt das ____atteln.

D Beim ____chwimmen überlegt Max, ob er später noch im Reitstall

mit Saliha ihr nassgeschwitztes Pferd ____triegeln will.

3 **Finde im Text alle nominalisierten Verben und Adjektive. Unterstreiche sie farbig.**

„Das Betreten der Baustelle ist verboten!“, las Philipp auf dem gelben Schild. Daneben hing noch ein grünes: „Hier baut die Stadt einen Tunnel. Er ermöglicht das Unterqueren des Flusses.“ Eine Tunnelbaustelle! Das musste Philipp sich genauer ansehen. Das Überklettern des Zauns war ein Kinderspiel. Das Gute war, dass es so dunkel war, dass ihn niemand sah. Huch, war der Tunneleingang finster! Was gluckerte da in der Dunkelheit? Philipp bekam ein komisches Gefühl im Bauch und rannte davon. Am nächsten Tag las er in der Zeitung, dass der Tunnel einen Riss hatte und in der Nacht mit Wasser vollgelaufen war. Es war wirklich das Allerbeste, dass er nicht hineingeklettert war!

4 **Schreibe die Sätze so um, dass sie Nominalisierungen der unterstrichenen Adjektive und Verben enthalten. Denke an die Groß- und Kleinschreibung.**

A Lisa malt ausgesprochen gern.

Lisa mag ______________________________

B Dieses Hobby erlaubt es ihr, zu zeigen, was sie kann.

____

C Es fällt manchmal schwer, ihre Bilder von Kunstwerken zu unterscheiden.

____

D Lisa macht es Spaß, ihre Bilder sonntags auf dem Flohmarkt zu verkaufen.

____

E Aber am coolsten findet sie es, ein Bild verschenken zu können.

____

Oft werden Nominalisierungen von Mengenangaben begleitet: *alles, allerlei, einiges, etwas, genug, nichts, viel, vier, wenig*

Pfadfinder machen viel Lustiges, nichts Langweiliges und einiges Spannende.

5 **Nominalisiere die Adjektive und trage sie in die Lücken ein.**

cool | neu | nützlich | anstrengend

Das Basketballtraining war der Hammer! Wir haben einiges ______________ geübt, aber nur sehr wenig ______________ . Der Coach hat uns allerlei ______________ machen lassen: Liegestütze, Wettrennen und Hindernislauf. Aber etwas ______________ war auch dabei: Der Coach ist gestolpert und hat dabei aus Versehen einen Dreier geworfen. Respekt!

6 + **Ergänze die folgenden Sätze mit nominalisierten Verben.**
Füge auch Präpositionen und Artikel ein.

! **Vor Nominalisierungen stehen häufig Präpositionen. Diese können mit einem Artikel verschmolzen sein: *Ich bin kurz vorm (vor + dem) Ausflippen. Mir kommen beim (bei + dem) Lachen Tränen.***

bei | an | vor | zu | schwanken | heulen | essen | klettern

Ben erzählt:

A Es ist ______________ !

B Ich bin ______________ vom Baum gestürzt.

C Das war kurz ______________ .

D Nach dem Sturz war ich ganz schön ______________ .
Jetzt ist mir schlecht. Habe ich eine Gehirnerschütterung?

7 **Umkreise nominalisierte Adjektive und Verben farbig. Bringe ihre Anfangsbuchstaben in die richtige Reihenfolge. Welches Lösungswort erhältst du?**

Es ist wirklich zum Lachen! Heute Morgen ist etwas total Schräges passiert. Gleich nach dem Aufstehen roch ich Bratwurst und Pommes. In der Küche war Mama beim Kochen. „Gibt es kein Müsli?", fragte ich. Mama erstarrte: „O Schreck! Ich habe so viel Schlechtes geträumt, dass ich ganz verwirrt bin. Ich dachte, es wäre schon Mittag!" Pommes zum Frühstück! Das Essen dieses Frühstücks war auch mal ein Spaß.

___ ___ ___ ___ ___ ___ , du kannst es!

8 **Schaffst du es, diesen Text fehlerfrei abzuschreiben?**

! **Unterstreiche vor dem Abschreiben alle Nomen und Nominalisierungen.**

Die party der gefühle

Die gefühle feiern heute eine party. Das grausen ist der gastgeber. Mit seinen freunden, dem erschrecken und dem zittern, bereitet er speisen und getränke vor. Schon vor dem feiern sind sie herrlich schlecht gelaunt. Bald trudeln die ersten gäste ein: das weinen, sehr viel ärgerliches und etwas langweiliges. Zum glück kommt auch sehr viel gutes: das lachen, das singen und alles fröhliche. Diese party ist zum kreischen!

____

____

____

____

____

Unklare Auslaute

Verlängern und Ableiten

Am Ende eines Wortes oder in einigen Personalformen von Verben hört sich

- **d** wie t an: *Hund – bunt*
- **g** wie k : *Tag, er sagt – Quark*
- **b** wie p : *Dieb, sie schiebt – piep*

Meist kommt dies bei **Einsilbern** vor. Wenn du diese Wörter **verlängerst**, hörst du, welchen Buchstaben du schreiben musst. Bilde

- bei Nomen die Mehrzahl: *ein Hund* → *zwei Hunde*
  oder suche ein Wort (z. B. ein Verb) aus der Wortfamilie: *Laub* → *entlauben*
- Bilde für Verben die Grundform: *er sagt* → *sagen, es sinkt* → *sinken*
- Prüfe bei Adjektiven die Vergleichsstufe: *lieb* → *lieber, rund* → *runder*
  oder beuge sie: *gelb* → *gelbe, hart* → *harte*

1 **Umkreise in diesen Wörtern die unklaren Laute.**

Bart Antrieb Mund es siegt Rad

er treibt Berg Bad Hund

2 **b oder p, d oder t, g oder k?**
Prüfe und schreibe dann den richtigen Buchstaben in die Lücke.

! ***Einige Wörter musst du dir merken:*** ***Erbse, Gips, Herbst, Klempner, Krebs, Obst, Papst, Schnaps***

bun t	→ bunter	ich ma ___	→ ___
gesun ___	→ ___	gel ___	→ ___
Lum ___	→ ___	Gegenstan ___	→ ___
No ___	→ ___	star ___	→ ___
es stau ___ t	→ ___	plum ___	→ ___
Ta ___	→ ___	er strei ___ t	→ ___
We ___	→ ___	lie ___	→ ___

Hörst du am Ende eines Wortes ein stimmloses s, dann hilft dir das **Verlängern**, die Schreibweise zu prüfen (siehe dazu vertiefend Seite 48). Wenn du beim Verlängern ein stimmhaftes s hörst, dann schreibe ein **s**:
er blies → blasen, Gras → Gräser

3 **Schreibe die Wörter zu diesen Bildern ins Heft. Ergänze die verlängerte Form.**

Merkwörter mit unklaren Auslauten sind:

- **seit** = Präposition: *Emma freut sich seit gestern auf ein Eis.*
- **seid** = 2. Person Plural von **sein**: *Da seid ihr nicht überrascht, oder?*

4 **seit oder seid? Setze richtig ein.**

Emma und Lara warteten bereits ________ langen fünf Minuten auf Mia und Pauline. „Mist, wo ________ ihr beiden denn bloß geblieben?“, fauchte Lara. Verblüfft antworteten die Freundinnen: „Wir sind ________ einer Stunde mit dem Bus unterwegs! Der kommt doch nie pünktlich. Wieso ________ ihr denn so sauer?“ „Weil fünf Minuten für ein Eis ziemlich lang sind. Schaut mal, ________ ihr bereit für ein Eis auf der Hand statt am Stiel?“, kicherten Emma und Lara.

Unklare Auslaute

Diese Wortbausteine mit unklaren Auslauten musst du dir **merken**:
ent-/Ent- = Bedeutung „weg“, „auseinander“: *entfesseln, Entfernung*
end-/End- = Bedeutung „am Ende“: *endlich, Endstation*

5 **ent-/Ent- oder end-/End-? Setze ein und kreuze an.**

Die ________ täuschung des Tages

Mikesch war ________ laufen. Keine sechs Wochen nach der ________ wöhnung von der Mutter war er durch einen Spalt der offenen Stalltür ________ wischt. Lisa hatte ________ los mit ihm gespielt, ihn ________ lich so weit an sich gewöhnt, dass das Tierchen auf seinen Namen hörte, und ihm viele kleine Freudenkrächzer ________ lockt. Warum bloß nutzte der Kleine die erste beste Gelegenheit um zu ________ kommen? Als Lisa aus der Tür schaute, ________ deckte sie den Grund.

Mikesch war ein ☐  ☐  ☐ 

Er wollte zum ☐  ☐  ☐ 

Einsilber mit unklaren Auslauten kommen auch in zusammengesetzten Wörtern vor. **Zerlege** das Wort, dann kannst du verlängern:
Wanduhr → Wand + Uhr → die Wände

6 **Markiere die Wortgrenzen mit einem senkrechten Strich. Verlängere und kläre so die Schreibweise.**

Wald | hütte → *die Wälder*

Werkstatt → ________________

Hausmeister → ________________

Laubrechen → ________________

7 +

Schreibe den Text als Schleichdiktat ab.
Oder: Lasse dir den Text diktieren.

> **!** **Schleichdiktat: Bereite den Text vor, indem du ihn durch | in Sinneinheiten unterteilst. Lege ihn in ein anderes Zimmer. Gehe dann vom Schreibtisch zum Text, präge dir eine Sinneinheit ein, kehre zurück und schreibe die Sinneinheit auf. Schreibe so nach und nach den ganzen Text ab. Vergleiche abschließend Wort für Wort mit der Vorlage.**

Onkel Pauls liebster Hund

Onkel Paul blieb ruhig in der Warteschlange der Bergbahn stehen. Schon seit langem wollte er diesen Gipfel erkunden! Neben Onkel Paul im Gras entspannte sich sein Zwergpinscher King Kong. Er schnüffelte schon seit ein paar Minuten nicht mehr an den Beinen der Wartenden herum.
Endlich hielt die Bahn vor Onkel Paul. Er genoss die Aussicht auf die Landschaft im Herbst und stieg erwartungsvoll in den Zug. Die Türen schlossen sich bald, die Bahn zog an. „Gleich gibt es ein Leckerli", verkündete Onkel Paul.
King Kong rührte sich nicht. Da blickte Onkel Paul auf die Leine in seiner Hand. Kein Hund weit und breit! King Kong lag immer noch schlafend im Gras – an der Talstation. Onkel Paul hatte kein Auge mehr für den Gipfel …

8

Finde und unterstreiche die abgebildeten Wörter in der Wörterschlange.

9

Löse das Bilderrätsel. Welches Lösungswort erhältst du?

Kurze Vokale

Silben untersuchen

Wenn du betont und rhythmisch sprichst, hörst du die Silben eines Wortes.
Sie verraten dir viel über die Schreibweise.
Die Silben eines Wortes findest du, indem du es **schwingst**:
Sprich es rhythmisch und setze unter jede Silbe einen Bogen.

T o n   N o t e   S t i m m e   H e f t e   K l a v i e r s c h e m e l

Eine **betonte Silbe** endet
- mit einem Vokal, dann ist sie **offen**: *N o t e*
- mit einem Konsonanten, dann ist sie **geschlossen**: *S t i m m e*, *H e f t e*

1 **Schwinge diese Wörter.**

B a n a n e n s a l a t s c h ü s s e l

G a r a g e n s c h l ü s s e l b u n d

O r c h e s t e r f l ü g e l s t i m m e r

Z i t r o n e n f a l t e r z ü c h t e r

W a n d e r b a u s t e l l e n s c h i l d e r v e r b o t

2 **Du kannst auch Quatschwörter schwingen. Probiere es aus.**

S i m b a m b a s a l a d u s a l a d i m k l i m b i m r a p z a p

F l ü g e l f l a g e l f l i p p e r f l a t t e r f l o d d e r v ö g e l

S u p e r k a l i f r a g i l i s t i k e x p i a l i g e t i s c h

3 **a) Markiere alle offenen Silben in den Quatschwörtern von Aufgabe 2.**
b) Umkreise geschlossene Silben.

4 **Untersuche genau: Welche Buchstaben stoßen an der Silbengrenze aufeinander, wenn die betonte Silbe geschlossen ist? Notiere.**

Betonte Silbe geschlossen: Es stoßen zwei ____________________ aufeinander.

Kurze Vokale erkennen

Jede Silbe hat mindestens einen Vokal. Ist die **erste Silbe geschlossen**, folgen an der Silbengrenze zwei Konsonanten aufeinander.
Der Vokal in der ersten Silbe wird dann in der Regel kurz gesprochen.

Einem **betonten kurz gesprochenen Vokal** folgen an der Silbengrenze

- zwei verschiedene Konsonanten: *d e n k e n*, *t a s t e n*
- oder zwei gleiche Konsonanten (doppelte Konsonanten): *r e n n e n*, *l a l l e n*

Achtung: Du hörst dann nur einen Konsonanten!

5 **Einfacher oder doppelter Konsonant?**
Setze ein und prüfe die Silbengrenze.

! Silbengrenze

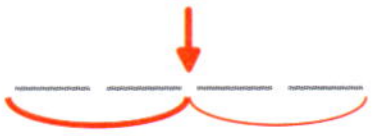

f/ff: Li_____te, Schi_____e

g/gg: Fin_____er, Ba_____er

m/mm: Sti_____e, Lu_____pen

n/nn: Ta_____e, Ta_____te

l/ll: Schna_____e, schna_____zen

r/rr: ha_____t, ha_____en

s/ss: Wa_____er, Ä_____te

t/tt: Bi_____e, Man_____el

6 **Setze im Text einfache oder doppelte Konsonanten ein.**

A_____a(n) schwi_____t(m) schne_____er(l) als a_____e(l) anderen. Es sti_____t(m), sie pro_____te(b) i_____er(m) wieder, sich zu stei_____ern(g). Mit Erfolg, denn niemand ko_____t(m) flo_____er(t) voran als sie. Sie ist su_____er!(p)

! **Ein Doppelkonsonant in der Grundform (im Infinitiv) eines Verbs bleibt meist erhalten:** ***stimmen – es stimmt, surren – sie surrt.***

Kurze Vokale

Auch **ck** und **tz** sind doppelte Konsonanten. Schreibe
ck, wo du kk hörst: *lec ken, Hec ke*
tz, wo du zz hörst: *schmat zen, Kat zen*
Achtung – **ck wird nicht getrennt**: *le-cken, He-cke*, aber: *Kat-zen*

7 **a) ck oder tz? Trage ein. Einige Wörter gibt es in zwei Varianten.**
b) Schreibe neben jedes Wort ein Reimwort.

He_____e → ____________________

Ri_____e → ____________________

Mü_____e → ____________________

So_____e → ____________________

ba_____en → ____________________

schwi_____en → ____________________

Die Endungen **-in** und **-nis** sind eine Ausnahme: Im Singular haben sie nach kurzem Vokal nur einen Konsonanten. Im Plural wird dieser verdoppelt:

eine Lehrerin → zwei Lehrerinnen
das Zeugnis → die Zeugnisse

8 **Vervollständige die Paare aus Singular und Plural.**

die Bäckerin → ____________________

das Ereignis → ____________________

____________________ → die Gefängnisse

____________________ → die Tänzerinnen

das ____________________ nis → ____________________

9 **+** **Ronny ist ein toller Rennfahrer, aber leider kein besonders guter Rechtschreiber. Markiere seine Fehler und schreibe die Wörter verbessert neben den Text.**

Gestern startete ich beim großen Wetbewerb. Die Tribünenpläzze waren alle gefült. Nicht einmal eine Müke häte dort noch Platz gehabt. Nach dem Start ging ich in Führung. Doch Herbert, der Hetzer, dränngte mich ab. Ich hatte meiner Trainerinn versprochen, vorsichtig zu fahren. Also konte er mich überholen. Kurtz vor dem Ziel kam meine Chance. Herbert gingg zu scharf in die Kurrve, ein Reifen plazte und ich zischte an ihm vorbei. Gewiner! Was für ein Glükk!

10 a) **Setze die passenden Konsonanten in die Lücken ein.**
b) **Setze die Wörter zu neuen Wörtern zusammen. Schreibe diese auf und schwinge sie anschließend: richtig geschrieben?**

Lin____en	Vani____e	Kan____is	Te____er	Pu____ing
Eintop____	Su____e	Schni____el	Zu____er	Karto____el

11 **Bei Fremdwörtern gibt es die Doppelkonsonanten kk und zz. Schreibe die Wörter so in die Kästchen, dass sich ein neues Wort mit kk ergibt.**

Makkaroni
Akkord
Sakko
Akkusativ
Pizza

Lange Vokale

Endet eine betonte Silbe offen, dann schließt sie mit einem lang gesprochenen Vokal. Die meisten betonten langen Vokale (und Umlaute) schreibt man **mit einem einfachen Buchstaben**:

Re gen, To re, Trä nen, Strö mung, Tü te

Offene Silben (Seite 38) können auch **mit einem Doppellaut** enden:

heu te, lau fen

1 **Markiere in dem Gedicht von Josef Guggenmoos alle Wörter mit einem betonten langen Vokal.**

Der Regenbogen

Ein Regenbogen,
komm und schau!
Rot und orange,
gelb, grün und blau!

So herrliche Farben,
kann keiner bezahlen,
sie über den halben
Himmel zu malen.

Ihn malte die Sonne
mit goldener Hand
auf eine wandernde
Regenwand.

! **Verlängere Einsilber (siehe Seite 34), um die Schreibweise durch Schwingen prüfen zu können, z. B.: rot → ro te**

Selten werden **lange Vokale verdoppelt**: *Haare, Schnee, Moor*
Diese Wörter musst du dir merken.

2 **Einfacher oder doppelter Vokal? Setze ein.**

! **Einige Fremdwörter schreibst du am Wortende mit ee. Wenn du unsicher bist, schlage im Wörterbuch nach!**

Ich h____be eine Id____: Wir j____gen

einen ____lefanten! Unf____g! Wir singen.

Sch____ne Stimmen h____ben wir j____.

Und k____mmende Woche m____chen wir eine Tourn____!

Sicher verdienen wir ein Verm____gen. S____per!

3 **+** **Setze einfache und doppelte Vokale in die Lücken ein.**

Braunb____ren h____ben meist Pflanzliches auf d____m Speisepl____n:

Gr____ser, Bl____ten, B____ren, H____nig. Doch sie m____gen

auch V____gel und N____getiere und fangen sich Fische aus M____r

und S____n. Die gem____tlichen Pelztiere sind Einzelgänger.

Nur zur P____rungszeit t____n sie sich als P____rchen zusammen.

4 **Finde in der Welle Wörter mit langem Vokal. Unterstreiche sie.**

DerTagbegannmitNebelüberdemFluss.DasMoosamUferschimmertenass.InderFernetostedasMeer.

5 **Setze den Buchstabensalat zu Wörtern mit langem betonten Vokal zusammen. Zwei Wörter haben zwei Lösungen!**

SLEE → ____________________ AASTT → ____________________

MTU → ____________________ EEKL → ____________________

Lange Vokale mit h

Bei einer kleinen Gruppe von Wörtern folgt ein **h** auf den betonten langen Vokal.

1. Endet eine Silbe auf einen betonten langen Vokal und beginnt die folgende Silbe mit einem **l**, **m**, **n** oder **r**, dann setzt man meist ein **Dehnungs-h** dazwischen:
   f e h l e n, b o h r e n, E h r e
2. Treffen an der Silbengrenze zwei Vokale aufeinander, steht **ein silbentrennendes h**. Es bleibt in allen Wörtern der Wortfamilie erhalten:
   s t e h e n – er steht, g e h e n – Gehhilfe, es geht

Bei **Einsilbern** klärst du die Schreibweise des silbentrennenden **h**, indem du **verlängerst**:

- Bilde für Nomen die Mehrzahl: *ein Zeh* → *zwei Zehen*
  oder suche ein Verb aus der Wortfamilie: *Mähdrescher* → *mähen*
- Prüfe für Verben die Grundform: *er sieht* → *sehen*
- Beuge Adjektive: *froh* → *frohe*

1 **Verlängere, um die Schreibweise mit Dehnungs-h zu beweisen.**

Zahl → *Zahlen, zählen*

kühl → ______

Wohnraum → ______

Gefühl → ______

es dröhnt → ______

er kehrt → ______

Hahn → ______

er fährt → ______

Ehre → ______

Stuhl → ______

Sohn → ______

! **Hinweise zum richtigen Verlängern findest du auf Seite 34, Tipps zum Zerlegen auf Seite 36, z. B.:**
Sehn | sucht → sehnen

2 **Finde heraus, welche dieser Wörter mit silbentrennendem h geschrieben werden. Kreuze sie an.**

☐ d r ö h n e n ☐ r u h i g ☐ S e h n e ☐ K r ä h e ☐ z ä h l e n

☐ s e h e n ☐ s p r ü h e n ☐ U h r e n ☐ f ü h l e n ☐ d r o h e n

3 + **Schreibe den Text als Schleichdiktat (Seite 37).**
Oder: Lasse dir den Text diktieren.
Prüfe danach sorgfältig, ob du alles richtig geschrieben hast.

Der zahme Blauwal Jan erleidet große Qualen. Die schmerzenden Barten treiben ihm Tränen in die Augen. Er wäre selig, wenn er nur ein vornehmer Hering wäre! Nun muss der Arzt eine hohle Barte mit einer Krone flicken. Fröhlich ist Jan darüber nicht und die Tränen strömen. Doch wie der Zufall es will, bekommt der Wal heute um drei Uhr Besuch von seinem guten Freund Kurt. In seiner Güte bringt der Buckelwal in einer Tüte kühle Getränke mit. Die zwei haben einen schönen Nachmittag!

4 **Welche Wörter werden hier gesucht?**

 ______________________  ______________________

 ______________________  ______________________

 ______________________  ______________________

5 **Vervollständige die Wörter. Fehlt ein h oder nicht?**
Verbinde die Wörter zu sinnvollen Paaren.

fe___gen spü___ren fü___len

ne___men ge___ben ke___ren

Das lange i

Das lange **i** wird fast immer mit **ie** geschrieben: *Liebe*, *Triebe*, *Hiebe*
Es gibt wenige Ausnahmen:

Fremdwörter: *Maschine*, *Marine*, *Apfelsine*,
aber: *Chemie*, Verben auf **-ieren** wie *reparieren*

Personalpronomen: *ihr*, *ihm*, *ihn*, *ihnen*,
aber auch: *mir*, *dir*, *wir*

1 **Füge ie oder i in die Lücken ein.**

S____ben R____sen hatten f____sen Appet____t. Nicht auf Mandar____nen oder Brot mit Margar____ne, sondern auf L____be! Zwischen ihnen stimmte die Chem____. Sie hatten sich sehr l____b.

2 **Ergänze diese Fremdwörter und trage sie richtig in die Tabelle ein.**

kontroll____ren   Benz____n   Energ____   Melod____   K____no

Lotter____   spaz____ren   Ru____ne   Pral____ne   Viol____ne

Wörter mit **ie**	Wörter mit **i**

3 **+** **Vervollständige die Tabelle der Personalpronomen.**
Tipp: Frage für den Nominativ Wer?, für den Dativ Wem?
und für den Akkusativ Wen?

	Nominativ	Dativ	Akkusativ
Singular			
1. Person	*ich*	______	*mich*
2. Person	*du*	______	*dich*
3. Person	*er,* ______, *es*	______, ______, *ihm*	______, ______, *es*
Plural			
1. Person	______	*uns*	*uns*
2. Person	______	*euch*	*euch*
3. Person	______	______	______

4 **Welches Wort wird hier gesucht?**

______

______

______

______

5 **Ersetze die Namen in Klammern durch passende Pronomen.**
Achte auf die Schreibung mit i, ie oder ih.

Sie (Paula) schickte ______ (Peter) ______ (Paulas und Elisas) E-Mail.

______ (Franz und ich) telefonierten mit ______ (Paula und Elisa).

Die s-Laute

Gedehnte (lange) und geschärfte (kurze) Vokale unterscheiden – das musst du können, um den s-Laut richtig zu schreiben.
Nach einem betonten langen Vokal oder Doppellaut (Diphthong, z. B. *ei, äu, au*) kann ein **s** oder ein **ß** folgen.

Das **stimmhafte** s klingt wie eine summende Biene: *Mosel, Dose, lesen*
Das **stimmlose** s hört sich wie eine zischende Schlange an: *Buße, Muße*

Verlängere Einsilber, dann hörst du, um welches s es sich handelt:
Schoß → *Schö ße*, *Gras* → *Grä ser*, *Haus* → *Häu ser*

Manchmal musst du **zerlegen**, um die Schreibweise zu klären, z. B.:
Rathausplatz → *Rathaus + Platz* → *Rathäuser*

Schreibe **ss** bei stimmlosem s nach kurzem Vokal: *Küs se*, *las sen*

Merkwörter sind z. B.: *was, etwas, es, als, bis, meist, fast, aus, als, ist, ins, los*
Wenn du unsicher bist, schlage im **Wörterbuch** nach, z. B.: *Ananas*

1 **Unterstreiche alle Wörter mit ss und ß.**

Es ist ein heißer Tag. Lasse geht die enge Gasse zum Fluss hinunter. Er schmeißt die Schuhe von sich, reißt sich die Socken herunter und hält die Füße ins Wasser. Er genießt das eiskalte Nass. Dann knabbert er ein paar Nüsse und Rosinen. Das ist die schönste große Pause, die man sich denken kann!

2 **Trage die unterstrichenen Wörter in die Tabelle ein.**

kurzer Vokal	langer Vokal	Diphthong

3 +

Schreibe s, ss oder ß in die Lücken.

Oma Lina sitzt im Se___el. Sie hört etwa___.

Wa___ i___t lo___? Eine Mau___ huscht unter dem Sofa hervor!

Voller Gru___el zieht Oma Lina die Fü___e hoch. Doch sie

mu___ Hilfe holen. Lei___e schleicht Oma Lina zum Telefon.

„Hallo? Feuerwehr? Ich hei___e Lina Luhmann. Kommen Sie schnell.

Unter meinen Ki___en hau___t ein Monster!“

4

Bilde aus dem Buchstabensalat Wörter mit s, ss und ß.
Du darfst Buchstaben mehrfach in einem Wort verwenden.
Es sind keine konjugierten Verbformen gesucht.

d e h i n s ß

deins, ______________________________

____

____

5

Was fehlt hier? Lies das Gedicht von Josef Guggenmoos.

Dasselbe

In-
Am-
Wie-
Ha-
Pin-
Stöp-
E-

Krei-
Kes-
Fes-
Nes-
Schüs-

O weh,
allen fehlt was,
allen dasselbe.

Was denn? Notiere: ______________

Mein Test 2

1 **Markiere im Text alle Nomen und Nominalisierungen mit ihren Begleitern.**

AM NÄCHSTEN MORGEN UNTERHÄLT SICH SIGGI MIT SEINEM ONKEL.

„VON OBEN KOMMT NUR WENIG GUTES", BRUMMT DER ALTE.

„REGEN, SCHNEE, WIND – DAS IST DOCH ÄRGERLICH!"

„ICH MAG DEN WIND", SAGT SIGGI.

„ICH NICHT. ICH HABE KEIN GEFÜHL MEHR IN MEINEN KNOCHEN.

WAS NÜTZT MIR DER ALLERSCHÖNSTE STURM, WENN ICH IHN

NICHT SPÜREN KANN? DAS IST DOCH ZUM WEINEN!"

	12	Test 1

2 **Schreibe die fehlenden Buchstaben in die Lücken.**
Es fehlen nur b, p, d, t, g und k.

A „Was für ein Unfu___! Ich habe genu___!

Ich brauche einen richtig schlimmen Spu___!"

B In der Nach___ geht Siggi in den Wal___.

Er spu___t, bis dass es knall___.

C „Was für ein komischer Ty___!",

mein___ Motte, und gibt Siggi einen Hie___.

	10	Test 1

3 **In einigen der Lücken fehlt ein weiterer Konsonant.**
Entscheide, wo, und trage ein.

die Verhängni___se	er ko___mt
sie wa___nkt	die Fischeri___n
re___nen	ta___sten

	6	Test 1

4 Finde im Wortgitter elf Wörter mit langen Vokalen. Schreibe sie auf die Linien.

S	M	A	A	G	T	R	I	H	M
E	O	M	P	R	Ü	O	S	T	A
H	O	Ä	W	O	H	N	U	N	G
E	R	A	D	ß	R	T	U	N	A
N	Z	U	O	H	Ä	M	R	I	Z
N	I	C	H	T	I	L	M	O	I
Z	E	N	S	P	I	E	L	E	N
Ü	N	U	C	H	E	B	A	D	I
G	O	H	A	A	R	E	L	O	H
T	Ü	R	W	O	O	N	U	N	G

______

______

______

______

______

______

______

______

11 Test 1

5 Schreibe die Bildwörter auf.

Onkel Thies thront im 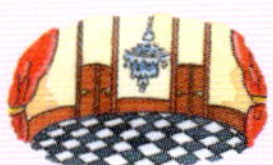. Blond gelockt sind seine .

Am liebsten isst er  und trinkt dazu ein Tässchen .

Und nachts, da träumt er von der .

______

5 Test 1

6 s, ss oder ß? Trage ein.

Mia Meise lie___t die Liste, die sie ihrem Liebsten schickte.

„Klo___ mit So___e“, will sie haben. Oder, fa___ noch be___er:

„Klö___chen mit Sö___chen.“ Doch der Liebste scheut die Stra___e,

denn die i___t doch ziemlich na___. Und so mu___ die Mia kochen,

gro___e Lin___en aus dem Gla___.

14 Test 1

Mein Test 1

1 **Setze Kommas, wo nötig.**

Der Waldboden wird weiß von Frost Raureif und Schnee.

Gelbe braune sowie rote Blätter fallen zu Boden.

Siebenschläfer Bär und Murmeltier halten Winterschlaf.

Kobolde Trolle Elfen: Alle Waldgeister tanzen durch die Winternacht.

	4

Übe weiter auf S. 54

2 **Vervollständige die Sätze mit Aufzählungen.**

zum Backen zu meiner Oma | und | zum Lesen in die Bücherei | zum Schlittschuhlaufen an den See

Im Winter gehe ich ______________________

____

____

____

Kekse | knusprige | frische | Oma und ich

Am liebsten essen ______________________

____

mir | ein gruseliges | oder | vor | Märchen | spannendes | lustiges

Danach liest Oma ______________________

____

____

	3

Übe weiter auf S. 54

3 **Setze die fehlenden Satz- und Redezeichen ein.**

Bodo Bär sagt ____ Guck mal, die Blätter fallen schon von den Bäumen. __

__ Es wird Zeit für den Winterschlaf ____ meint sein Freund Bruno __

Bodo beschließt ____ Ich bleibe dieses Jahr wach. __

__ Warum? __ fragt Bruno __

Bodo erklärt ____ Ich will endlich wissen,

wer die ganzen Blätter im Frühling wieder anklebt. __

	5

Übe weiter auf S. 56

4 **Schreibe Kommas zwischen die Sätze, wo es nötig ist.**

Wenn es früh dunkel wird trifft Ulli sich mit seinen Freunden auf dem Schulhof. Unter den Laternen spielen sie Basketball beim Fahrradständer machen sie Kunststücke auf ihren Bikes. In der finstersten Ecke tauschen sie Spielkarten oder sie üben einen blinden Orientierungslauf.

	3

Übe weiter auf S. 58

5 **Wie ist die Regel richtig?**
Streiche das falsche Wort.

Zwischen zwei Hauptsätzen, die mit *und* oder *oder* verbunden sind, muss / kann ein Komma stehen.

	1

Übe weiter auf S. 58

Das Komma in Aufzählungen

Ein **Komma** trennt bei Aufzählungen Wörter und Wortgruppen:

- bei Nomen: *Sternschnuppen, Kometen, Meteoriten*
- bei Verben: *Das Raumschiff kreiste, schlingerte, verschwand dann.*
- bei Adjektiven: *Der kleine, pummelige Captain ...*
- bei Adverbien: *Dieses Raumflotte ist sehr, sehr schnell.*

Kein Komma setzt du vor den Konjunktionen *und, oder* oder *sowie*: *Captain Space kommandiert zwei Raumstationen, ein Raumschiff, vier Sternenkreuzer und eine Flotte von Mondfliegern.*

1 Setze an den richtigen Stellen ein Komma.

A Auf den Sternenkreuzern Jupiter Mars und Pluto tun Albianer Namurier und Cronier Dienst.

B Namurier haben je nach Laune eine rote oder grüne lila oder blaue Hautfarbe.

C Auf der Brücke arbeiten Wesen vom Eisplaneten Iso vom verwüsteten Asteroiden Gobo sowie von der Erde.

! Meist setzt man vor das letzte Element einer Aufzählung kein Komma, sondern eine Konjunktion: *und, oder, sowie*.

2 Schreibe den Text ab. Ergänze dabei passende Konjunktionen.

Lyra arbeitet mit Hela, Luna, Sola im Sternenlabor. Dort erforscht sie Sterne, rote Zwerge, schwarze Löcher, Pulsare. In ihrer Freizeit spielt sie Mondball, geht auf dem schwerelosen Deck schweben, trifft sich mit Freunden.

Manchmal gehört das letzte Adjektiv/Partizip in einer Aufzählung enger zum Nomen. Dann steht kein Komma:

Captain Space kommandiert ein blitzschnelles neues Raumschiff.

Probe: Setze *und* zwischen die Adjektive:
... ein blitzschnelles und neues Raumschiff. Nein, das hat keinen Sinn.
Es ist ein neues Raumschiff, das blitzschnell ist.

3 +

Prüfe für jede Wortgruppe, ob das Adjektiv enger zum Nomen gehört.
a) Setze ein Kreuz, wo dies der Fall ist. Dort muss kein Komma stehen.
b) Setze die Kommas, wo sie fehlen.

- ☐ **A** ein alter weißer Raumanzug
- ☐ **B** blitzschnelle mittelschnelle und langsame Mondflieger
- ☐ **C** heißer pulvriger Mondstaub
- ☐ **D** kalter heißer oder warmer Sonnenwind

4

Setze Kommas an den richtigen Stellen.

Bei den Croniern gibt es männliche weibliche und sächliche Wesen. Sie leben auf dem kleinen und schönen Planeten Cronis. Am Himmel scheinen eine kleine eine rote eine weiße Sonne. Sie tauchen Cronis in ein warmes gelbes Licht.

5

Bilde aus dem Wortsalat sinnvolle Sätze.
Setze Kommas, wo nötig.

neuen | Space | Captain | Helm | silberfarbenen | seinen | schließt

____

Raumstation | verlässt | große | Er | die | grüne

____

heiß | Sonnenwind | schnell | ist | gefährlich | und

____

Zeichensetzung

Die wörtliche Rede

Wörtliche Rede gibt Äußerungen von Personen direkt wieder.
Sie steht in **Redezeichen** (Anführungszeichen):
„Charlotte, ich muss ganz schnell zum Bus."
Der **Begleitsatz** gibt an, wer etwas gesagt hat.
Geht er voran, steht vor der wörtlichen Rede immer ein **Doppelpunkt**.

Begleitsätze können nicht nur **vor** der wörtlichen Rede,
sondern auch **dahinterstehen** oder **eingeschoben** werden:
„Wenn ich erwachsen bin, werde ich Ärztin", erzählt Lina ihrem Opa.
„Wenn du wolltest", entgegnet er, „könntest du auch Pilotin werden."

Am Ende des Redesatzes können Ausrufezeichen oder Fragezeichen stehen.
Ein Punkt wird nur geschrieben, wenn hinter dem Redesatz kein Begleitsatz folgt. Alle drei Satzschlusszeichen stehen vor den hinteren Anführungszeichen.

1 **Vervollständige die Kurzregel zur Zeichensetzung in der wörtlichen Rede. Achtung: Du musst nicht in jede Lücke etwas schreiben.**

___ Redesatz! ___ ___ Begleitsatz ___ ___

___ Begleitsatz ___ ___ Redesatz. ___ ___

2 **Setze auch im Beispiel die richtigen Satzzeichen ein.**

___ Wie geht es dir ___ ___ ___ fragt Michel ___ ___

___ Anne antwortet ___ ___ Mir geht es prima ___ ___

3 **Verbinde jeden Begleitsatz mit einem Redesatz, der in der Zeichensetzung genau dazu passt.**

Mascha fragt:	„Was geht ab?"
Eddie ruft:	„Bis nachher."
Ute sagt:	„Bis nachher"
	„Hey, Alter!"
	Hey, Alter!
	„Was geht ab"?

4 + **Kevin fragt Mark nach der Deutscharbeit.**
Schreibe die Aussagen der Jungen in wörtliche Rede um.
Achtung: Stelle bei Kevin den Begleitsatz nach vorn, bei Mark nach hinten.

5 **Setze die fehlenden Satzzeichen ein.**

„“ → Wie war die Schule heute? , fragt Papa.

: „“ → Fritzchen antwortet Super! Wir haben gelernt, wie man Sprengstoff herstellt.

, → „Und was macht ihr morgen in der Schule?“ fragt Papa.

? → Fritzchen wundert sich: „In welcher Schule denn “

6 **Worüber sprichst du oft mit deinem besten Freund/deiner besten Freundin?**
Schreibe ein Gespräch zwischen euch in dein Heft.

Satzreihe und Satzgefüge

Ein zusammengesetzter Satz, der aus zwei oder mehr Hauptsätzen gebildet ist, heißt **Satzreihe**. Zwischen den Sätzen stehen Kommas. Nur wenn die Hauptsätze mit den Konjunktionen *und, oder, beziehungsweise, weder… noch* oder *entweder… oder* verbunden sind, musst du kein Komma setzen. Es kann aber eines stehen.

Ein **Satzgefüge** besteht aus mindestens einem Hauptsatz und einem oder mehreren Nebensätzen. Man trennt sie immer durch Kommas.

1 **Finde heraus, wo hier Hauptsätze und wo Nebensätze stehen. Unterstreiche Hauptsätze und markiere Nebensätze farbig.**

Der Wecker klingelte, aber Mia hörte es nicht.

Sie schreckte erst hoch, als Mama ihren Namen rief.

Mia sprang aus dem Bett, sie stolperte

und dann stieß sie sich den Zeh.

Mia zog sich an, während sie sich die Zähne putzte.

Zahnpasta kleckerte auf ihr T-Shirt.

! Den Nebensatz erkennst du daran, dass das Prädikat am Ende steht. Außerdem kann er im Gegensatz zum Hauptsatz nicht allein stehen.

2 **Satzreihe oder Satzgefüge? Schreibe auf.**

Mia ließ das Frühstück aus, obwohl sie großen Hunger hatte.

(____________________) Sie packte ihre Schultasche, und dann rannte sie nach draußen. (____________________) Der Bus fuhr ab, als sie um die Ecke bog! (____________________) Also rannte Mia den Weg zur Schule, so dass sie ganz verschwitzt war, als sie ankam. (____________________)

Aber Mia schaffte es, sie kam pünktlich. (____________________)

3 **+**

Bilde aus den Hauptsätzen Satzreihen und Satzgefüge.
Verwende dazu die vorgegebenen Konjunktionen.
Denke an die richtige Kommasetzung.

aber | als | so dass | sondern | und | weil

Mia verschlief. Sie kam nicht zu spät.

___

Mia wachte nicht vom Wecker auf. Sie wachte vom Rufen ihrer Mama auf.

___

Mia stieß sich den großen Zeh. Sie bekleckerte ihr T-Shirt.

___

An der Bushaltestelle sah Mia den Bus. Der fuhr gerade los.

___

Mia hatte viel Glück. Sie konnte sehr schnell rennen.

___

Mia rannte schnell. Sie war ganz verschwitzt.

___

4 **Setze, wo nötig, Kommas ein.**

Der Tag wurde für Mia noch richtig gut ☐ das Wetter war schön ☐ und sie bekam eine gute Deutscharbeit wieder. Zum Glück hatte sie sich die Laune nicht vermiesen lassen ☐ obwohl der Tag so dumm angefangen hatte.

5 **Markiere Konjunktionen, die eine Satzreihe bilden.**

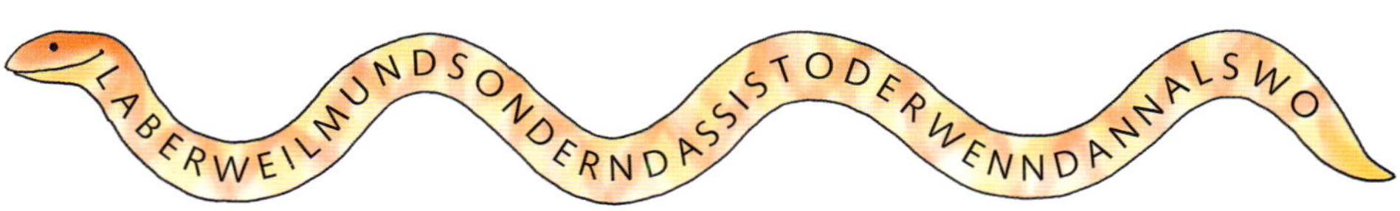

Mein Test 2

1 **Setze Kommas, wo nötig.**

Im Sommer wachsen Gerste Roggen Weizen Hafer auf den Feldern. Dazwischen blühen blaue rote und gelbe Blumen. Der Sommerwald ist grün saftig und hell. Die Waldgeister verstecken sich in ihren Höhlen Löchern oder Wurzeln.

	4	Test 1

2 **Vervollständige die Sätze mit Aufzählungen.**

Wasser | kalten | des Schwimmbeckens | klaren

Ich erfrische mich im ______________________

____

heißes | Wetter | trockenes | ist

Ich liebe den Sommer, wenn ______________________

____

im Zelt | in der Gartenlaube | oder | übernachten | auf dem Balkon

Manchmal darf ich ______________________

____

____

	3	Test 1

3 **Setze die fehlenden Satz- und Redezeichen ein.**

Die Katze fragt ____ Wo warst du im Urlaub ___ ? ___

Der Hund erzählt ____ Ich war an der Nordsee ___ . ___

___ Ich war auf einer wunderschönen Insel voller Palmen ____

erklärt die Katze ____

___ Und wie heißt die ___ ___ ___ fragt der Hund ____

___ Balkonien ____ antwortet die Katze ___

	5	Test 1

4 **Schreibe Kommas zwischen die Sätze, wo es nötig ist.**

Wenn es im Sommer schön warm ist lädt Ulli seine Freunde zum Zelten ein. Abends erzählen sie sich Gruselgeschichten sie spielen Schnitzeljagd im Garten oder sie beobachten Fledermäuse. Manchmal bleiben sie bis Mitternacht wach obwohl die Eltern dann schimpfen.

	3	Test 1

5 **Wie ist die Regel richtig?**
Streiche das falsche Wort.

Zwischen Haupt- und Nebensatz steht immer/nie ein Komma.

	1	Test 1

Mein Test 1

1 **Unterstreiche die vier Nomen und bestimme ihren Kasus und Numerus. Trage alles in die Tabelle ein.**

In ihrer Freizeit spielen viele Fußball. Warum ist das ein gefährlicher Sport?

Na, weil Fußballspieler schießen, aber auch köpfen müssen.

Nomen	Kasus	Numerus

	4

Übe weiter auf S. 64

2 **Streiche die falschen Personalpronomen durch und schreibe sie richtig über die Zeile.**

Heute hat Paul ein wichtiges Fußballspiel. Es will

unbedingt ein Tor schießen. Seine Mannschaft spielt nicht

gut, ihr ist im Rückstand. Da wird wir angespielt, schießt –

und trifft das eigene Tor! Die Zuschauer buhen. Ihr wollen,

dass Paul ausgewechselt wird. Ich versinkt vor Scham fast im Boden. Doch dann

reißt du sich zusammen. Sie passt zu Florian, Florian wieder zu uns und …

Toooor! Diesmal sogar das gegnerische.

	8

Übe weiter auf S. 66

3 Unterstreiche in jeder Reihe das Präteritum.

schwimmen: er schwamm, ich bin geschwommen, wir schwimmen

turnen: ich turne, sie turnte, man hatte geturnt

laufen: du bist gelaufen, er lief, sie laufen

springen: einer sprang, sie springt, es wurde gesprungen

schießen: es ist geschossen worden, wir schießen, er schoss

	5

Übe weiter auf S. 70

4 Ergänze in Lauras Erzählung die Hilfsverben sein oder haben. Achte auf die richtige Personalform.

In den Ferien ______________ ich ins Reitercamp gefahren.

Meine beste Freundin ______________ auch mitgekommen.

Jeder ______________ ein Pflegepferd bekommen.

Das ______________ wir täglich geputzt. Danach ______________ wir ausgeritten. Das waren die schönsten Ferien meines Lebens!

	5

Übe weiter auf S. 72

5 Bilde Sätze mit Modalverben. Schreibe sie auf.

A Als | beweglich | man | müssen | sein | Turner

____

B Ein | lieben | Pferde | Reiter | sollen

____

C Arme | und | Beine | Basketballspielen | brauchen | du | lange | Zum

____

	3

Übe weiter auf S. 72

Wortart: Nomen

Deklination: Kasus

Im Satz kann ein Nomen unterschiedliche Kasus (Fälle) annehmen.
Es in den richtigen Kasus zu setzen, bezeichnet man als **deklinieren** (beugen).
Die deutsche Sprache hat vier Kasus. Frage danach:

Der Direktor unserer Schule gab meiner Klassenlehrerin einen Kuss.

- **Nominativ (1. Fall): Wer (was)** gab … einen Kuss? – *der Direktor*
- **Genitiv (2. Fall): Wessen** Direktor gab … einen Kuss? – *(der Direktor) unserer Schule*
- **Dativ (3. Fall): Wem** gab er einen Kuss? – *meiner Klassenlehrerin*
- **Akkusativ (4. Fall): Wen (was)** gab er …? – *einen Kuss*

1 **Unterstreiche alle Nomen.**

Heute kam unsere Klassenlehrerin zu spät, weil der Motor ihres Autos ausgefallen war. Wir hatten eine Freistunde, in der wir dem Hausmeister halfen, den Zaun bunt zu streichen.

2 **Erfrage die Nomen von Aufgabe 1 und trage sie in die Tabelle ein.**

Wer oder was kam heute zu spät? unsere Klassenlehrerin

Nominativ	Genitiv	Dativ	Akkusativ

3 + **Setze jedes Nomen mit seinem Artikel in den angegebenen Kasus. Achte auf Singular und Plural.**

die Klassenlehrerin → Dativ: ______________________

die Motoren → Genitiv: ______________________

das Auto → Dativ: ______________________

der Hausmeister → Akkusativ: ______________________

die Zäune → Akkusativ: ______________________

der Direktor → Genitiv: ______________________

4 **Setze die Artikel und Nomen im passenden Kasus ein.**

Als ______________ (die Klassenlehrerin) endlich kam,

hatte sie auch noch ______________ (die Tasche) vergessen. Sie nahm

______________ (das Buch) ______________ (die Klassensprecherin)

Tanja. Darin standen ______________ (die Gedichte),

die Tanja ______________ (der Banknachbar) Timo geschrieben

hatte. Tanja wurde tomatenrot. Die Klassenlehrerin gab

______________ (das Mädchen) ______________ (das Buch)

stumm zurück. Als Hausaufgabe mussten alle Gedichte schreiben.

5 **Findest du im folgenden Witz die Namen von zwei Kasus? Schreibe sie auf.**

„Geh nie tief ins Wasser“, sagte die Mutter zur kleinen Lotte.
„Wieso? Gibt es da gefährliche Tiere?“, fragte Lotte.
„Ich sage doch, es ist da tief!“

______________ ______________

Wortart: Personalpronomen

Ich, du, er/sie/es, wir, ihr und *sie* sind Personalpronomen (persönliche Fürwörter). Sie stehen anstelle von Nomen oder Eigennamen:

Paul hat einen neuen Computer.
→ *Er hat einen neuen Computer.*

Personalpronomen werden genau wie Nomen **dekliniert**:

Oma hat Paul den Computer geschenkt.
→ *Oma hat ihm den Computer geschenkt.*

Wenn du einen Text schreibst, sorgen Personalpronomen für Abwechslung.

1 Karel erzählt über seinen neuen Computer: Unterstreiche alle Personalpronomen. Trage sie in die Tabelle ein.

! Erfrage den Kasus: ***Wer (was), wessen, wem, wen (was)?***

Mein neuer Computer hat eine riesige Festplatte. Ich kann auf ihr total viele Spiele speichern. Sie hat 750 Gigabyte! Auch der Bildschirm ist groß. Man kann ihn an den DVD-Player anschließen. Dann zeigt er Filme genauso gut wie ein Fernsehgerät. Hast du schon die Laufwerke gesehen? Mit ihnen kann ich alle Speichermedien lesen. Nur schade, dass meine Eltern meinen Computer nicht so toll finden wie ich. Sie würden ihn gern wieder abschaffen.

Nominativ	Dativ	Akkusativ

2 Findest du die zehn Personalpronomen? Achtung: Einige sind dekliniert.

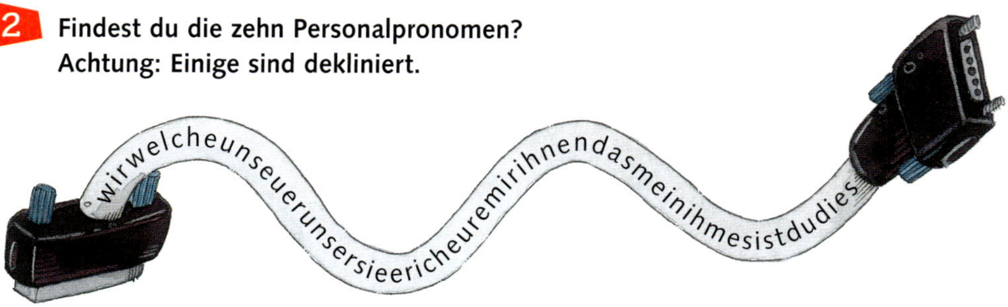

3 +

Setze die richtigen Personalpronomen in den angegebenen Fällen ein.

Liebe Oma!

Wie geht es ________ (du → Dativ) ? ________ (ich → Dativ) geht es gut.

Danke, dass ________ (du → Nominativ) mir den Computer geschenkt hast.

______ (er → Nominativ) ist wirklich super. Man kann mit ______ (er → Dativ)

coole Spiele spielen. Meine Freunde sind neidisch. ______ (sie, Plural → Dativ)

gefällt der Rechner auch. Die Maus hat ein tolles Space-Design. Hast du ______

(sie, Singular → Akkusativ) gesehen? Bis bald dein Karel

4

Ersetze im Lückentext die Nomen und Eigennamen durch Personalpronomen. Achtung: Manche müssen dekliniert werden.

In seinem Computerspiel spielt ________ (Karel) den Helden Patnon.

Zuerst löst ________ (Patnon) das Rätsel des Drachen. ________ (der Drache)

ist krank, doch Patnon kann ________ (dem Drachen) helfen.

________ (die heiligen Priesterinnen) sind vom bösen Can gefangen.

Patnon bringt ________ (den bösen Can) ins Gefängnis.

5

Karel erzählt Lutz vom Computerspiel. Lutz versteht nur Bahnhof und fragt immer wieder nach. Ergänze die Lücken mit Informationen von Aufgabe 4.

A „Er löst das Rätsel des Drachen." → „Wer?"

„______________________ löst das Rätsel des Drachen."

B „Ihn bringt er ins Gefängnis." → „Wer? Wen?"

„______________________ bringt ______________________ ins Gefängnis."

C „Sie sind von ihm gefangen." → „Wer? Von wem?"

„____ sind von ________ gefangen."

Wortart: Possessivpronomen

Possessivpronomen (besitzanzeigende Fürwörter) sind z. B. *mein, dein* und *euer*. Sie teilen ein Besitzverhältnis oder eine Verbundenheit mit.
Deine Schwester hat meinem Bruder ihr Buch geliehen.

Possessivpronomen werden wie Nomen **dekliniert**. Sie passen sich in Kasus (Fall), Numerus (Anzahl) und Genus (Geschlecht) an das Nomen an, bei dem sie stehen. Diese Übereinstimmung nennt man **Kongruenz**.

1 **Zu jedem Personalpronomen gibt es ein Possessivpronomen. Vervollständige die Tabelle. Achte auf das Genus.**

Maskulinum	Femininum	Neutrum
mein Bruder	meine Schwester	________ Buch
dein Bruder	________ Schwester	________ Buch
sein Bruder	seine Schwester	________ Buch
ihr Bruder	________ Schwester	ihr Buch
unser Bruder	________ Schwester	________ Buch
euer Bruder	________ Schwester	euer Buch
ihr Bruder	________ Schwester	________ Buch

2 **Welcher Kasus und Numerus liegt vor? Schreibe auf.**

Meine Schwester heißt Amelie. → Nominativ Singular

Sie spricht nie mit ihren Brüdern. → ________

Unsere Eltern nervt das sehr. → ________

Sie schimpfen oft mit ihrer Tochter. → ________

3 +

Wähle passende Possessivpronomen aus und trage sie ein.

mein | meine | meiner | sein | seine

seinem | ihr | ihre | ihres | euer

Conni erzählt Tina: „__________ Bruder Tim ist verliebt!

__________ Freundin heißt Amelie. Neulich hat Tim Amelie in __________

Zimmer mitgebracht. Sie hatte __________ Lieblings-CD mitgebracht.

Wir haben __________ Treffen heimlich durchs Fenster beobachtet.

Die zwei haben sich geküsst!“

4

Streiche, wo möglich, Eigennamen durch und schreibe passende Possessivpronomen darüber.

____

A Conni: „Connis Bruder Tim ist schon 17.“

____

B Conni und Tina: „Connis und Tinas Brüder nerven ganz schön!“

____

C Tina: „Immerhin erlauben Connis Eltern, dass du auf Tinas Party kommst.“

____

D Conni: „Ja. Aber Laila darf nicht. Sie muss auf Lailas Brüder aufpassen.“

5

Welche Wörter sind Possessivpronomen, welche Personalpronomen? Verbinde.

Personalpronomen | Possessivpronomen

ich | wir | euer | unser | uns | ihre | sie | unsere | mein | ihm

Wortart: Verb

Tempus

Verben (Tätigkeitswörter, Zeitwörter) vermitteln, wer etwas tut oder was geschieht. Du kannst sie in verschiedene Tempora (Zeitformen) setzen.

- Das **Präsens** drückt etwas aus, das gerade geschieht, oder etwas, das allgemeingültig ist: *Ich schwimme gerade. Maja schwimmt jeden Tag.*
- Das **Präteritum** (Imperfekt) benutzt man vorwiegend, wenn man über die Vergangenheit schreibt: *Maja war die einzige Besucherin.*
- Das **Perfekt** verwendet man meist in mündlichen Berichten: *„Der Schwimmwettbewerb hat Spaß gemacht!", erzählt Maja.*
- Das **Plusquamperfekt** kann in der Vergangenheit bereits Zurückliegendes wiedergeben: *Maja berichtete, dass sie am Tag zuvor besonders schnell geschwommen war und das Wettschwimmen gewonnen hatte.*
- Das **Futur** gibt im Schriftlichen die Zukunft an: *Maja wird viel trainieren.*

1 Setze die Verben in das angegebene Tempus.

Maja Schubert ________________ (sein → Präsens) jetzt die erfolgreichste Schwimmerin unserer Sportschule. Letzte Saison ____________________ (trainieren → Präteritum) sie täglich zwei Stunden. „Trotzdem __________ es mir immer Spaß ________________ (machen → Perfekt) ", betont sie. Ihr hartes Training ________________ (bringen → Präteritum) ihr drei Preise ein. Noch im vorletzten Schuljahr __________ sie nur einen einzigen ________________ (gewinnen → Plusquamperfekt) : Den Trostpreis für erkrankte Schwimmer!

2 Schreibe diese Geschichte im Präteritum in dein Heft.

Maja ist an diesem Morgen die einzige Besucherin im Schwimmbad. Sie schwimmt Kraul und Schmetterling. Zwischendurch entspannt sie sich beim Rückenschwimmen. Als sie am Ende der Bahn anschlägt, hört sie ein komisches Geräusch. Sie sieht sich um und entdeckt eine riesige Torte mit brennenden Kerzen. Heute ist ihr Geburtstag!

3 +

Welches Tempus ist das? Schreibe auf.

A Maja verpasst wegen der Wettkämpfe oft den Unterricht.

→ ____________________

B In der fünften Klasse war sie fast sitzengeblieben.

→ ____________________

C Sie übte viel und schaffte die Klasse doch noch.

→ ____________________

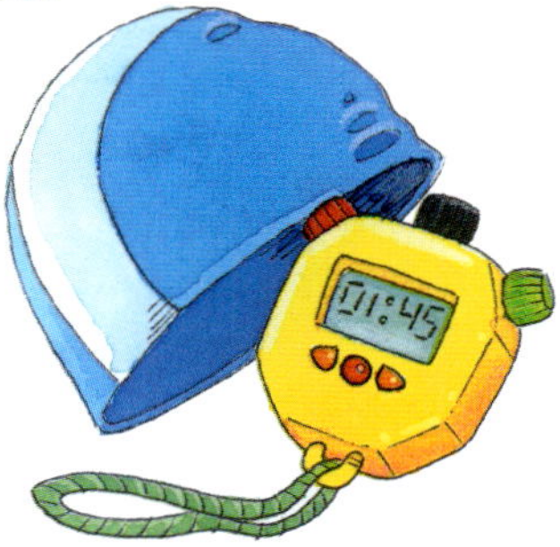

D Zum Glück ist ihr das Lernen schon immer leichtgefallen.

→ ____________________

E In diesem Schuljahr strengt sie sich besonders an.

→ ____________________

F Sie wird für die Schule lernen und das Schwimmen trainieren.

→ ____________________

4

Maja erzählt von ihrem größten Erfolg. Setze ins Perfekt.

Vergangenes Jahr ________ ich an der Jugend-Olympiade ____________________ (teilnehmen). Der Start ________ mir gut ____________________ (gelingen). Dann ________ ich alles aus mir ____________________ (herausholen). Ich ________ fast eine Medaille ____________________ (gewinnen)! Leider nur fast.

5

Setze diese Verben ins Präteritum.

schreiben bringen finden gehen sehen laufen helfen reiten

er ____________________

____

Wortart: Verb

Hilfsverben und Modalverben

Für die **zusammengesetzten Zeiten** brauchst du **Hilfsverben**.
Hilfsverben werden in der Personalform verwendet und durch eine Form des **Vollverbs** ergänzt:

- im **Perfekt** und **Plusquamperfekt** vom **Partizip Perfekt** (Partizip II):
  Ich bin geschwommen. Ich hatte gewonnen.
- im **Futur** vom **Infinitiv**: *Ich werde schwimmen.*

Auch die **Modalverben** *können, wollen, mögen, dürfen, sollen* stehen zusammen mit einem Vollverb im **Infinitiv**. Sie bestimmen die Art und Weise eines Geschehens oder einer Handlung näher und stehen in der Personalform:
Maja kann schwimmen. Nele soll härter trainieren.

1 Hilfsverb, Modalverb oder Vollverb? Kreuze an.

	Hilfsverb	Modalverb	Vollverb
Elli hat hart trainiert.	☐	☐	☐
Sie soll beim Schulwettkampf starten.	☐	☐	☐
Aber sie ist sehr nervös und will nicht mitschwimmen.	☐	☐	☐
Maja macht ihr Mut.	☐	☐	☐

2 Setze die Modalverben passend ein.
Achte auf die richtige Personalform und verwende das Präsens.

dürfen | können | mögen | müssen | wollen

Elli ______________ sehr gern schwimmen.

Sie ______________ auch gern an Wettkämpfen teilnehmen. Aber ______________ sie dabei immer so aufgeregt sein? Der Trainer hat eine tolle Idee: Elli, Maja und zwei andere Mädchen ______________ zusammen in der Staffel starten. Jetzt ist Elli nicht mehr allein. Sie ______________ sich besser auf das Schwimmen konzentrieren.

3 +

a) Markiere alle Hilfsverben grün, alle Modalverben gelb und alle Vollverben blau.
b) Schreibe in Klammern auf, welche Zeit verwendet wurde.

Nele mag heute nicht zum Training gehen (______________). Schon gestern fühlte sie sich so müde (______________)! Nele freut sich wie wild auf die Ferien (______________). Da wird sie mit ihrem Vater wandern (______________). Papa hat extra gesagt (______________), dass sie noch nicht einmal den kleinen Zeh ins Wasser stecken darf (______________)!

4

Maja beruhigt Nele.
Formuliere ihre Sätze mit Modalverben neu.

A Wünschst du dir, weniger Aufregung zu spüren?

Willst du weniger Aufregung spüren?

B Ich fordere dich auf, am Abend vorher früh ins Bett zu gehen.

____

C Zwinge dich beim Wettkampf, an nichts anderes als an deine Schwimmbewegungen zu denken.

____

D Ich weiß genau, dass du fähig bist zu gewinnen!

____

5

Setze im Gedicht die richtigen Verbformen ein.

Heute hat Nele etwas Tolles ______________ (vollbringen)
Sie hat einen hohen Berg ______________ (erklimmen).
Wie hat sie das nur ______________ (machen)?
Ganz einfach: Im Kopf ist sie einen Wettkampf ______________ (schwimmen).

Mein Test 2

1 **Unterstreiche alle Nomen (außer den Eigennamen) und bestimme ihren Kasus und Numerus. Trage alles in die Tabelle ein.**

Heute besucht Lilli den Zoo. Warum haben Giraffen wohl so einen langen Hals, fragt sie sich. Nun, weil der Kopf so weit oben ist.

Nomen	Kasus	Numerus

	4	Test 1

2 **Streiche die falschen Personalpronomen und schreibe sie richtig über die Zeile.**

Im Zoo besucht Lilli auch die Delfine.

Wir springen durch Reifen und ihr klatschen

mit den Flossen. Da schlägt ein kleiner

Delfin mit der Schwanzflosse aufs Wasser.

Ich spritzt und Lilli wird pitschenass. Es kreischt vor Schreck. Der Delfin grinst.

Du taucht unter. Dann springt sie wieder hoch und hält uns zum Trost

einen Fisch hin. Aber ihr will lieber nach Hause.

	8	Test 1

3 Unterstreiche in jeder Reihe das Präteritum.

essen:	er aß, ich werde essen, sie hat gegessen
sehen:	man sieht, sie sah, ich habe gesehen
besuchen:	er besucht, sie wird besuchen, wir besuchten
kreischen:	er hat gekreischt, es kreischte, sie kreischen
schenken:	ich werde schenken, er schenkte, du schenkst

	5	Test 1

4 Ergänze in Bennos Erzählung die Hilfsverben sein oder haben. Achte auf die richtige Personalform.

Letzte Woche ________ ich in den Wildpark gegangen. Gleich beim Eingang ________ ich den Streichelzoo gesehen. Das Gatter ________ offen gestanden. Also ________ ich hinein zu den Eseln und Ziegen marschiert. Eine Pflegerin ________ mich ausgeschimpft. „Streichelzoo heißt doch nicht, dass man zu den Tieren hineindarf“, sagte sie. Das war mir ziemlich unangenehm.

	5	Test 1

5 Bilde Sätze mit Modalverben. Schreibe sie auf.

A gut | ein | Haustier | man | muss | kümmern | sich | Um

____

B Auslauf | soll | Ein | Hund | viel | haben

____

C dürfen | Katzen | Milch | nur | wenig | trinken

____

	3	Test 1

Mein Test 1

1 **Stelle diese Sätze einmal um. Unterstreiche jeweils das Subjekt blau, das Prädikat rot und das Objekt gelb.**

A Drachen spucken Feuer.

____

B Sie beherrschen tolle Flugkunststücke.

____

C Viele Drachen bekämpfen das Böse.

____

D Andere Kreaturen hüten einen riesigen Schatz.

____

	16

Übe weiter auf S. 78

2 **Unterstreiche in jedem Satz eine adverbiale Bestimmung. Schreibe in Klammern auf, um welche Art adverbiale Bestimmung es sich handelt.**

A Zum Zeitvertreib erzählen sich die Menschen spannende und fantasievolle Geschichten.

(______________________________)

B Erzählungen über Einhörner, diese beliebten Fabelwesen, gibt es seit sehr langer Zeit.

(______________________________)

C Die zauberhaften Fabeltiere sollen im Wald leben.

(______________________________)

D Wegen ihrer magischen, stets zum Wohle der Menschen eingesetzten Fähigkeiten werden sie allerorts sehr geliebt.

(______________________________)

	4

Übe weiter auf S. 80

3 **Bilde aus den vorgegebenen Wörtern adverbiale Bestimmungen und schreibe sie in die Lücken.**

aus | bei | durch | ihren Augen | ihrer Geburt | heute | Zauberkraft

Wenn Einhörner weinen, fließen ______________________ heilende Tränen.

Das Blut der Tiere soll ______________________ unsterblich machen.

Die Fabeltiere haben ______________________ noch keine Hörner.

[ ] 3 Übe weiter auf S. 82

4 **Welcher Adverbialsatz passt zu welchem Hauptsatz? Verbinde.**

1 Seit Menschen Geschichten erzählen,

2 Die Sphinx soll vor der ägyptischen Stadt Theben gewacht haben,

3 Unsere Vorfahren erfanden die Riesen vermutlich,

4 Ein Zentaur soll den Helden Achilles erzogen haben,

A damit dieser so geschickt wird wie das Fabelwesen.

B weil sie riesige Knochen eines Mammuts fanden.

C erfinden sie Fabelwesen.

D weil sie den Reisenden Rätsel aufgeben wollte.

[ ] 4 Übe weiter auf S. 84

5 **Verbinde die beiden Hauptsätze, indem du aus einem von beiden einen Relativsatz machst. Schreibe den neuen Satz auf.**

A Der Mantikor ist ein Fabelwesen. Es hat den Schwanz eines Skorpions.

____

B Der Mantikor hat einen Löwenkörper. Auf ihm sitzt der Kopf eines Menschen.

____

C Der Mantikor ernährt sich auch von Menschenfleisch. Er ist sehr gefährlich.

____

[ ] 3 Übe weiter auf S. 88

Satzglieder

Die Umstellprobe

Alle Wörter, die man gemeinsam umstellen kann (Umstellprobe), sind Teil desselben Satzgliedes:

Begabte Autoren | *verfassen* | *an ihrem Computer* | *spannende Bücher*.

Spannende Bücher | *verfassen* | *begabte Autoren* | *an ihrem Computer*.

An ihrem Computer | *verfassen* | *begabte Autoren* | *spannende Bücher*.

Jeder Satz hat mindestens zwei Satzglieder: **Subjekt** (Satzgegenstand) und **Prädikat** (Satzkern). Das Prädikat kann die Personalform eines Verbs oder ein mehrteiliges Verb sein. Ein Satz kann zusätzlich ein **Objekt** oder mehrere **Objekte** als Satzglieder enthalten.

Nach Subjekt und Objekt kannst du fragen:
Autoren (***wer/was?*** = Subjekt) *schreiben* (Prädikat)
ihren Fans (***wem?*** = Dativobjekt) *Geschichten* (***wen/was?*** = Akkusativobjekt).

1 **Stelle den Satz zweimal um.**

Bei Lesungen unterhalten sich die Autoren mit ihren Lesern.

A ____

B ____

2 a) **Markiere die Satzglieder mit verschiedenfarbigen Stiften.**
b) **Stelle die Sätze jeweils einmal um. Schreibe ins Heft.**

A Auf einer Lesung liest ein Autor aus einem seiner Bücher.

B Er beantwortet Fragen der Leser.

C Oft erzählt er von seiner Arbeit.

D Am Ende unterschreibt er Bücher und Lesezeichen.

E Viele Bücherwürmer besuchen gern Lesungen.

3 +

a) Teile die Satzglieder mit senkrechten Strichen ab |.
b) Bestimme sie und notiere, worum es sich handelt.

Leo | liebt | Bücher.

Subjekt Prädikat Akkusativobjekt

Er liest das Buch „Geheimnis der Feuerfee".

____

Die nächste Lesung der Autorin besucht Leo.

____

Er stellt ihr viele Fragen.

____

Die Autorin schenkt Leo ein spannendes Buch.

____

4

Aufgepasst: Finde die Namen der wichtigsten Satzglieder und die richtigen Fragewörter dazu. Schreibe sie zusammen auf.

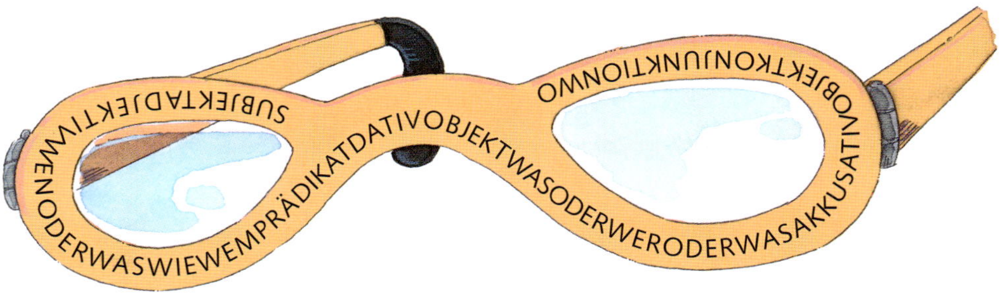

____

____

5

Ein Prädikat kann zwei Teile haben. Erkläre für die unterstrichenen Prädikate, welche Teile dies sind. Der Kasten auf Seite 72 hilft dir dabei.

Die Lesung war super! Die Autorin <u>hat</u> total spannend <u>vorgelesen</u>.

Ich <u>will</u> später auch solche Bücher <u>schreiben</u>.

Satzglieder

Adverbiale Bestimmungen

Adverbiale Bestimmungen (Umstandsbestimmungen, Adverbialien) geben den Umstand eines Geschehens genauer an. Zum Beispiel:

- den **Ort** (lokal): *Lucy muss heute zum Arzt.* Wo? Wohin? *zum Arzt*
- die **Zeit** (temporal): *Lucy muss heute zum Arzt.* Wann? *heute*
- den **Grund** (kausal): *Lucy muss wegen ihrer Bauchschmerzen zum Arzt.* Warum? *wegen ihrer Bauchschmerzen*
- das **Ziel** oder den Zweck (final): *Lucy muss heute für eine Impfung ins Krankenhaus.* Wofür? Wozu? *für eine Impfung*

1 **Unterstreiche die Satzglieder, die die angegebenen Fragen beantworten.**

Wann? Tim musste letzte Woche ins Krankenhaus.

Wozu? Er war zu einer speziellen Untersuchung dort.

Wo? Er lag auf einer Liege.

Warum? Wegen seiner Knieschmerzen wurde ein Röntgenbild gemacht.

2 **Markiere alle adverbialen Bestimmungen.**

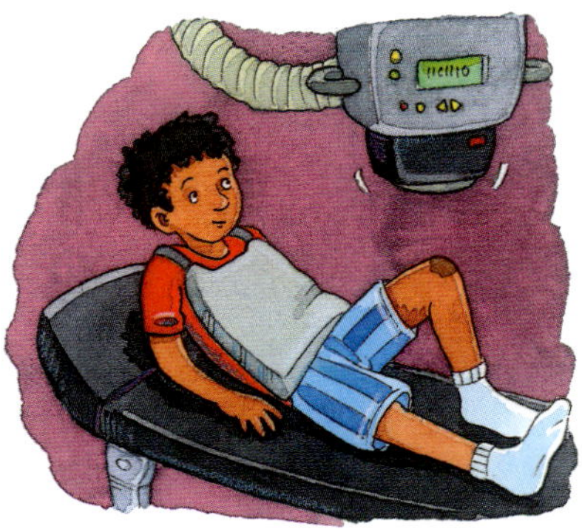

Tim erzählt von der Röntgenaufnahme:

„Im Untersuchungsraum musste ich mich hinlegen. Dann richtete der Arzt eine Art Fotoapparat über meinem Knie ein. Für die Aufnahme wurde das Licht ausgeknipst. Ich musste wegen der Strahlung eine Bleischürze anziehen."

3 **Weißt du, welche Art adverbialer Bestimmungen Tim benutzt hat? Wähle eine aus, schreibe sie ab und bestimme sie.**

4 **Lies die Fragen und beantworte sie.
Welche Art von adverbialer Bestimmung gibst du als Antwort?
Schreibe in Klammern auf.**

Tim musste in den großen Ferien wegen einer Operation ins Krankenhaus. Er fand alles sehr spannend. Außerdem war sein Zimmernachbar Jakob richtig nett. Tim und Jakob verabreden sich jetzt manchmal zum Kickerspielen.

A Wohin musste Tim in den großen Ferien?

____

(______________________)

B Warum musste Tim dorthin?

____

(______________________)

C Wann war Tim im Krankenhaus?

____

(______________________)

D Wozu verabreden sich Tim und Jakob?

____

(______________________)

5 **Hier sind die adverbialen Bestimmungen durcheinandergeraten.
Finde und unterstreiche sie. Schreibe den Text richtig auf.**

____

Pfleger Mischa arbeitet zum Verbändewechseln und Essenausteilen. Auf

____

der Kinderstation ist er dort wegen seiner lustigen Art. Jeden Tag mögen

____

ihn alle Patienten.

Satzglieder

Adverbiale Bestimmungen können aus verschiedenen Wortarten gebildet werden. Häufig sind

- **Adverbien** (*gestern* = Zeit/temporal) oder
- **Ausdrücke mit Präpositionen** (*in der Schule* = Ort/lokal, *zum Lernen* = Ziel oder Zweck/final).

6 **Wähle Adverbien aus dem Wortspeicher aus und setze sie in die Lücken ein. Kreuze an, um welche Art adverbiale Bestimmung es sich handelt.**

abends | dann | dort | früh | gestern | dabei | zuerst

		der Zeit	des Ortes
A	Alexa hatte ________ kein Glück.	☐	☐
B	________ stürzte sie mit dem Fahrrad.	☐	☐
C	________ schlug sie sich den Ellenbogen auf.	☐	☐
D	________ ging sie nach Hause.	☐	☐
E	________ fiel sie auch noch die Treppe hinunter!	☐	☐
F	Sie war ________ ziemlich müde und ging	☐	☐
	________ ins Bett. Arme Alexa!	☐	☐

7 **Vervollständige den Lückentext mit den Wörtern in Klammern, so dass sich adverbiale Bestimmungen ergeben. Tipp: Denke daran, die Formen richtig zu bilden.**

Schon ________ (an, der Morgen) hatte Alexa Pech: Sie verpasste den Schulbus. Also rannte Alexa ________ (zu, die U-Bahn). (in, die U-Bahn) ________ wurde sie ohne Fahrkarte erwischt. Natürlich musste sie ________ (wegen, das Schwarzfahren) 20 Euro bezahlen. ________ (zu, ihr Treffen) kam sie zu spät.

8 +

a) Unterstreiche die adverbialen Bestimmungen.
b) Trage sie richtig in die Liste ein.

Heute war echt nicht mein Tag! Zuerst verpasse ich den Bus und dann muss ich zur Strafe fürs Schwarzfahren 20 Euro zahlen. Naja, ist ja auch gerecht. Wegen meiner Verspätung habe ich das Klatsch-Treffen mit den Mädels vor der Schultür verpasst. Ich war total genervt und konnte im Unterricht nicht gut aufpassen. Wegen Unaufmerksamkeit habe ich einen Eintrag ins Klassenbuch bekommen. In der Pause haben mir die Mädels zur Aufheiterung ein Eis spendiert. Danke, Leute!

des Ortes: ______________________

____

der Zeit: ______________________

____

des Grundes: ______________________

____

des Zieles oder Zweckes: ______________________

____

9

Notiere jeweils den Fachbegriff.

Adverbiale Bestimmung …

des Ortes: ____________ der Zeit: ____________

des Grundes: ____________ des Zieles/Zweckes: ____________

10

Markiere in diesem Satz vier adverbiale Bestimmungen.

Alexa ist mit ihren Freundinnen zum Austauschen von Neuigkeiten vor der Schultür verabredet, aber aufgrund ihrer Verspätung verpasst sie heute das Treffen.

Satzgefüge

Nebensätze: Adverbialsätze

Adverbialsätze sind Nebensätze (Gliedsätze), die die Stelle einer adverbialen Bestimmung einnehmen. Sie werden durch **Konjunktionen** eingeleitet:

- **Temporalsatz** (*als, während, seit, solange …*):
  Seit Winter ist, möchte ich Skifahren lernen.
- **Lokalsatz** (*wo, wohin, woher …*):
  Am schönsten ist das Skifahren, wo es richtig coole Pisten gibt.
- **Kausalsatz** (*weil, da*):
  Ich will dorthin, weil die besten Sportler dort trainieren.

1 **Ordne die Konjunktionen in der Reihenfolge ihres Auftretens den Adverbialsatzarten zu. Schreibe dazu die passenden Buchstaben hinter die Satzarten. Sortierst du die Buchstaben in der richtigen Reihenfolge, erhältst du ein Lösungswort. Es verrät dir, was der Adverbialsatz beschreibt.**

woher (R) | wo (O) | seit (Z) | da (D) | weil (U)

während (E) | solange (T) | wohin (T) | als (I)

Temporalsatz: __ __ __ __ → __ __ __ __

Lokalsatz: __ __ __ → __ __ __

Kausalsatz: __ __ → G R __ N __

2 **Unterstreiche die Konjunktionen und trage sie in die Tabelle ein.**

Ich finde Winter toll, solange viel Schnee liegt. In den Alpen liegt jeden Winter Schnee, soweit das Auge reicht. Ich werde dort bestimmt viel Spaß haben, weil auch mein bester Freund Tim mitmacht.

temporal	lokal	kausal

! **Vor der Konjunktion steht immer ein Komma.**

3 **Was erleben Fred und Tim im Skikurs?**
Setze passende Konjunktionen in die Lücken ein.

da | solange | während | weil | wo | woher | ~~als~~

Als ______ Fred und Tim auf der Piste ankommen, sind die anderen Jugendlichen schon da. Frank, der Skilehrer, zeigt ihnen, ______ die Bretter stehen. ______ Fred und Tim die Letzten sind, bekommen sie die ältesten Skier. ______ alle noch wackelig auf den Skiern stehen, üben sie nur am Idiotenhügel. Fred weiß kaum, ______ es kommt, aber bald fühlt er sich auf den Brettern richtig sicher. Als Nächstes lernen sie das Wedeln, ______ es fürs Skifahren so wichtig ist. ______ Frank erklärt, betrachtet Fred die Berge. Danach fällt er prompt auf den Po!

4 **Unterstreiche alle Temporalsätze blau, alle Lokalsätze grün und alle Kausalsätze gelb.**

Als der Unterricht am ersten Tag zu Ende ist, hat Tim fürchterlichen Muskelkater. Wo alle anderen fröhlich zusammen essen, sitzt Tim still mittendrin. „Was ist los?", fragt Frank. „Ich weiß kaum, wo es überall wehtut", stöhnt Tim. „Ich kann nicht mehr auf die Piste, solange ich mich so fühle!" „Das passiert, weil du dich verspannst", erklärt der Skilehrer. „Sicher wird es heute Nachmittag besser, weil du dann schon lockerer bist." „Lockerer?", fragt Tim. „Ich weiß nicht, wohin mit den Stöcken. Ich weiß nicht, wann ich wedeln muss. Ich habe Angst, mir die Haxen zu brechen, sobald ich losfahre. Ich kann nicht locker sein!" Aber drei Tage später fährt Tim wie eine Eins!

Der **Finalsatz** ist ein Adverbialsatz, der ein Ziel, einen Zweck oder eine Absicht beschreibt. Finalsätze beginnen mit *damit, dass* oder *auf dass*:
Ich will Skifahren, damit ich bei den Mädels besser ankomme.

5 **Was beschreibt ein Finalsatz? Finde und unterstreiche drei Schlüsselwörter.**

6 **Setze damit oder dass ein.**

Freds Mutter kauft ihm eine neue farbige Skijacke, __________ er auf der Piste gut zu sehen ist. Er soll auch einen Helm tragen, __________ er sich nicht verletzt. „Die Ausrüstung sorgt dafür, __________ das Skifahren leichter und sicherer geht", erklärt der Verkäufer. „Ski heil!", wünscht die Mutter.

! **Es ist wichtig, dass du die Konjunktion *dass* und das Relativpronomen *das* (Seite 88) unterscheidest!**

7 **Bilde Finalsätze aus dem Wortsalat. Schreibe sie auf. Vergiss das Komma nicht.**

A damit den er endlich Fred lernt macht Kurs Skifahren

B auch auf die Pistenparty damit Er er gehen nimmt teil kann

C telefoniert damit Lilli sie Fred mit kommt auch

D damit einmal lange Fred Lilli mit ihm tanzt wartet

____

____

____

____

8 +

a) Unterstreiche die Konjunktion.
b) Bestimme, um welche Art Adverbialsatz es sich handelt.

A Lilli ist nirgends zu sehen, als Fred auf die Pistenparty kommt.

→ *Temporalsatz*

B Fred lässt sich nieder, wo Tim schon auf ihn wartet.

→ ______________________

C Solange Fred an der Bar ist, beobachtet er die Tür.

→ ______________________

D Lilli kommt herein und winkt, damit Fred sie sieht.

→ ______________________

E Seine Knie werden weich, weil sie ihn anlächelt.

→ ______________________

9

Hier sind die Konjunktionen durcheinandergeraten.
Streiche sie durch und schreibe sie an die richtigen Stellen.

Damit Fred und Tim beim Skikurs waren, sind sie noch bessere Freunde als vorher. Sie treffen sich jeden Morgen vor der Schule, seit sie sich das Neueste erzählen können. Ihr Treffpunkt ist, weil der Schulbus auf die Hauptstraße biegt. Das will Fred so, wo er dann Lilli schon im Bus winken kann.

10

Kreuze an: Ist die Konjunktion richtig oder falsch?

	richtig	falsch
A Tim und Fred wissen nicht, wo die Skier stehen.	☐	☐
B Fred bekommt von seiner Mama eine neue Skijacke, weil er damit besser zu sehen ist.	☐	☐
C Tims Mama kauft ihm einen Helm, damit er sicher unterwegs ist.	☐	☐
D Tim hat Muskelkater, als der erste Kurstag vorbei ist.	☐	☐
E Tim geht nur auf die Party, dass er Lilli sieht.	☐	☐

Nebensätze: Relativsätze

Relativsätze beschreiben ein Nomen oder Pronomen des Hauptsatzes näher. Sie beginnen mit

- einem Relativpronomen *(der, die, das, welcher, welche, welches)* oder
- einer Präposition plus Relativpronomen *(über der, unter dem …)* oder
- einem Relativadverb (*wo, wie*).

In der Atacamawüste, die die trockenste Gegend der Erde ist, in der kaum Menschen leben und wo es selten regnet, möchte ich nicht gern wohnen!

1 Unterstreiche die Relativsätze und umkreise das Relativpronomen oder das Relativadverb.

Die Atacamawüste, die an den Pazifik und die Anden grenzt, liegt in Südamerika. Das Andengebirge, das über 4000 m hoch ist, und der kühle Ozean verhindern die Wolkenbildung und damit Regen. Starker Regen, welcher die Wüste zum Blühen bringt, fällt nur alle sechs bis zehn Jahre.

2 Füge das passende Relativpronomen oder Relativadverb in die Lücke ein.

das | welche | wo

! **Verwechsle das Relativpronomen *das* nicht mit der Konjunktion *dass*!**

A In der chilenischen Wüste Atacama, ________ die Luft fast immer klar ist, gibt es viele Sternwarten.

B Die amerikanische Weltraumbehörde NASA testet in der Atacama die Sonden, ________ zum Mars fliegen sollen.

C Das Atacamit, ________ in der Wüste entdeckt wurde, ist ein Mineral (eine Gesteinsart).

3 +

Forme jeweils den zweiten Hauptsatz zum Relativsatz um und füge ihn in den ersten ein. Schreibe den neuen Satz vollständig auf. Denke an das Komma.

A In der Atacamawüste leben Alpakas.
Sie sind eine Art der Kamele.

____

B Das Fell der Alpakas kann viele verschiedene Farben haben.
Es versteckt keinen Höcker.

____

C Die Fohlen der Alpakas heißen Cria. Zwillinge sind bei Alpakas sehr selten.

____

D In Südamerika hält man Alpakas als Nutztiere.
Vor allem die Wolle der Tiere wird dort verwendet.

____

4

Setze die fehlenden Kommas richtig ein.

Die Atacamawüste unter der wertvolle Bodenschätze lagern ist mittlerweile weltberühmt. Gold, Silber, Kupfer und andere Metalle welche für das Land Chile viel Wert haben werden tief unter der Erdoberfläche abgebaut. Das taten auch die 33 Bergarbeiter die im August 2010 in einer Mine in der Atacama verschüttet wurden. Nach mehr als zwei Monaten gelang die Rettung die einem Wunder gleichkam.

5

Welcher Relativsatz passt zu welchem Hauptsatz? Verbinde.

Es wurden jahrtausendealte Mumien gefunden,	das nach 6.000 Jahren noch ihr eigenes sein soll.
Die Mumien lagerten im Wüstenboden,	was für Forscher hochinteressant ist.
Eine Mumie hat langes schwarzes Haar,	in dem sie sehr gut erhalten blieben.

Mein Test 2

1 **Stelle diese Sätze einmal um. Unterstreiche jeweils das Subjekt blau, das Prädikat rot und das Objekt gelb.**

A Raumschiffe durchfliegen den Weltraum.

____

B Sie erreichen ferne Galaxien.

____

C Die Raumfahrer begegnen fremden Wesen.

____

D Sie erleben gefährliche Abenteuer.

____

	16	Test 1

2 **Unterstreiche in jedem Satz eine adverbiale Bestimmung. Schreibe in Klammern auf, um welche Art adverbiale Bestimmung es sich handelt.**

A Wir Menschen träumen schon seit langem von Reisen zu den Sternen.

(______________________________)

B Auf fernen Planeten erwarten wir viele Wunder.

(______________________________)

C Science-Fiction-Serien haben aufgrund der fantastischen Wesen und Geschichten großen Erfolg.

(______________________________)

D Zum Spaß tauchen darin manchmal Aliens aus Glas oder aus schwarzer Soße auf.

(______________________________)

	4	Test 1

3 **Bilde aus den vorgegebenen Wörtern adverbiale Bestimmungen und schreibe sie in die Lücken.**

der Größe | der Zukunft | des Alls | für | in | Träumereien | wegen

__________________ werden wir vielleicht wirklich zu den Sternen fliegen. __________________ ist das heute nur schwer möglich. Aber wir haben alle Möglichkeiten __________________.

	3	Test 1

4 **Welcher Adverbialsatz passt zu welchem Hauptsatz? Verbinde.**

1 Als Erika noch jung war,
2 Erika sah die Mondlandung im Fernsehen,
3 Sie wollte Astronautin werden,
4 Da sie eine dicke Brille brauchte,

A konnte ihr Traum nicht wahr werden.
B wo immer sie im Jahr 1963 hinkam.
C flogen die ersten Menschen zum Mond.
D damit die Menschen auch den Mars kennenlernen.

	4	Test 1

5 **Verbinde die beiden Hauptsätze, indem du aus einem von beiden einen Relativsatz machst. Schreibe den neuen Satz auf.**

A Schon früher vermuteten Menschen grüne Außerirdische auf dem Mars. Sie nannten sie Marsmännchen.

____

B Die Oberfläche des Planeten ist rot. Auf ihr verlaufen tiefe Rillen.

____

C Auf dem Mars wurde kürzlich Wasser gefunden. Das könnte Leben bedeuten.

____

	3	Test 1

Schreibstrategie: Schreibplan anlegen

Bevor du deinen Text ausarbeitest, solltest du klären, was du in welcher Reihenfolge schreiben willst. Lege einen „Bauplan" für deinen Text an: die **Gliederung**. **Erzählende Texte** solltest du so anlegen:

- Die **Einleitung** soll Interesse an der Geschichte wecken. Führe die Figuren (Personen) ein, reiße kurz an, wo und wann die Handlung stattfindet, und gib einen knappen Hinweis auf das Thema (Problem).
- Der **Hauptteil** folgt einer Spannungskurve, die sich in mehreren Erzählschritten zum Höhepunkt der Geschichte hin steigert.

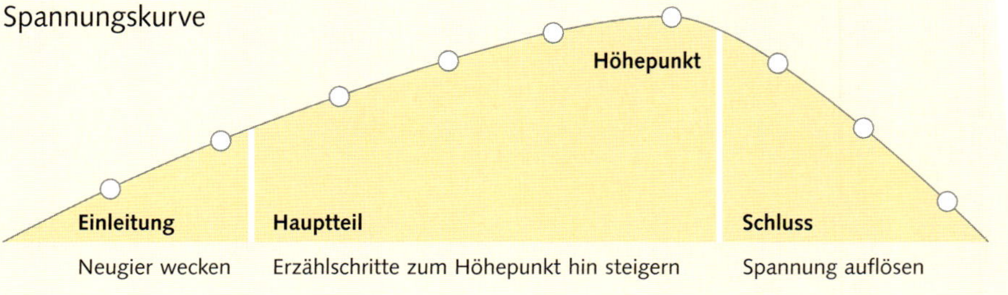

- Der **Schluss** löst die Spannung auf. Du kannst einen knappen Ausblick auf das weitere Geschehen geben oder den Schluss offenlassen.

1 **In welchen Teil einer Erzählung gehören diese Sätze? Schreibe auf.**

Es war ein kalter Morgen. Laros schritt den Weg zum Burgtor hinab. Er war ein groß gewachsener Mann. Seine roten Haare wehten ihm um das Gesicht, das von den Narben unzähliger Kämpfe gezeichnet war.

→ ______________________________

2 **Was wird hier eingeführt? Kreuze die richtige Antwort an.**

Am Tor traf Laros seine Schwester Lazilla. Ihr langes Haar war zum Zopf geflochten. An ihrer linken Seite hing blitzend ihr Schwert Klinge. Neben Lazilla wartete Laros' treue Truppe, die Larossiere.

- ☐ Hauptfigur
- ☐ Nebenfiguren
- ☐ Problem/Thema
- ☐ Ort
- ☐ Zeit

3 a) **Nummeriere diese Sätze für den Hauptteil so, dass sie eine sinnvolle Reihenfolge ergeben. Ergänze den Lösungssatz.**
b) **Markiere den Satz, den du als Höhepunkt ausgestalten möchtest.**

1 Laros stieg auf den Bergfried und sah sich in der Umgebung der Burg um. **S**

___ Laros gab Alarm und die Larossiere sicherten Tor und Zugbrücke. **N**

___ Da entdeckte er am Horizont eine Staubwolke. **P**

___ Schon preschten die ersten schwarz gekleideten Reiter auf das offene Burgtor zu. **N**

___ Dann stellten sie Wurfsteine und Pfeile bereit. **U**

___ Ein schrecklicher Kampf entbrannte. **G**

4 Sofort wurde Laros klar: Die Männer des dunklen Barons griffen an! **N**

___ Laros sah genauer hin und erkannte, dass es sich um Pferde und Reiter handelte. **A**

Im Hauptteil erzeugst du ___ ___ ___ ___ ___ ___ ___ ___ !

4 **Zu welchem Erzählschritt gehören diese Sätze? Notiere.**

Lazilla rannte auf die Burgmauer und ergriff Pfeil und Bogen. Sie dachte: „Der dunkle Baron darf nicht obsiegen. Ich werde …“

→ ______________________

! **Den Höhepunkt gestaltest du besonders lebendig, indem du wörtliche Rede einsetzt.**

5 **Wähle fünf passende Wörter aus und ergänze den Schluss.**

Berg | Feind | Frieden | Frankreich | Jubel | Männer | Sonne | Trauer

Als die ______________ unterging, zogen sich der dunkle Baron

und seine ______________ zurück. Laros, Lazilla und die Larossiere

brachen in ______________ aus. Der ______________ war besiegt!

Endlich konnten sie in ______________ leben.

Schreibstrategie: Abwechslungsreich schreiben

Gestalte eine Erzählung möglichst **lebendig** und **abwechslungsreich**, damit man sich alles gut vorstellen kann und das Lesen Spaß macht.

- Verwende dafür genau passende und anschauliche **Adjektive**: statt z. B. „rot“: *rötlich, blutrot, tiefrot, rosig …*
- Wähle **Verben** aus, die die Situation genau und lebendig beschreiben: statt z. B. „gehen“: *schlendern, schleichen, humpeln …*

1 **Finde im Buchstabengitter sieben Adjektive, die du statt „schön“ verwenden kannst. Schreibe sie auf.**

U	B	A	U	M	T	O	L	L	X	R
N	L	U	S	T	I	G	U	I	N	S
C	H	F	E	X	M	A	I	E	R	P
O	H	R	O	V	M	I	M	B	A	A
O	G	E	W	U	P	P	M	L	L	N
M	A	G	U	T	Ö	R	E	I	Ä	N
I	H	E	N	I	K	A	N	C	K	E
W	U	N	D	E	R	S	C	H	Ö	N
E	N	D	E	R	N	A	H	A	N	D

2 **Wähle Verben aus dem Wortfeld „sagen“ aus.**
Trage sie sinnvoll in die Übersicht ein und ergänze weitere Verben.

betonen | fragen | hervorheben | flüstern | lachen | schreien | säuseln

antworten | äußern | verkünden | brüllen | sprechen | befehlen

„Wir sind in großer Gefahr“, *sagte* Laros.

laut sagen: ______

leise sagen: ______

weitere Verben: ______

______

3 **Wähle passende Adjektive aus und schreibe sie in der richtigen Form in die Lücken.**

rot | dunkel | geheim | groß | tödlich | narbig

! Durch Adjektive wird eine Erzählung anschaulich und abwechslungsreich.

„Wir sind in ________ Gefahr“, sagte Laros.

Er schüttelte seine ________ Haare aus dem ________ Gesicht.

„Der ________ Baron hat für morgen im Morgengrauen

einen ________ Anschlag auf unser ________

Hauptquartier geplant. Bis dahin müssen wir alle in Sicherheit sein.“

4 **Welche Verben kannst du durch diese treffenden Verben ersetzen, um abwechslungsreicher zu schreiben? Schreibe auf.**

A löffeln, knabbern, naschen: ________

B herunterstürzen, schlürfen, Durst löschen: ________

C schlummern, dösen, ruhen: ________

D rennen, hasten, eilen: ________

5 **Setze die Wortteile zu Adjektiven zusammen und ordne sie der angegebenen Bedeutung zu.**

bären | greisen | haft | komisch | nacht | schwarz | stark | ur

alt: ________

kräftig: ________

finster: ________

lustig: ________

Nacherzählen

Bei einer Nacherzählung stellst du einen Erzähltext **mit deinen eigenen Formulierungen** und so **genau wie möglich** dar. Erwähne **alle wichtigen Figuren** und **die bedeutsamen Handlungsschritte**. Aber erfinde nichts Neues dazu!

1 **Lies die Geschichte. Kreise die drei wichtigsten Figuren ein.**

Abenteuer im Dschungel

In den Sommerferien reisten Tim und Elli mit Ellis Vater in den Regenwald. Im Dschungel-Camp war es drückend heiß. „Ich gehe jetzt mit Herrn Maures Pflanzen sammeln", verkündete Ellis Papa. „Seine Tochter Anna zeigt euch das Camp. Bis später!"
Tim, Elli und Anna sahen sich um. Das Klo war ein Häuschen am Rand der Lichtung und ein Bad gab es nicht.
„Aber mir ist so heiß!", stöhnte Elli. „Ich muss mich abkühlen."
„Baden kannst du im Fluss", erklärte Anna, „aber niemals allein. Es muss immer ein Erwachsener nach gefährlichen Tieren Ausschau halten."
Elli hörte nicht hin. Sie hatte ein kleines Äffchen entdeckt. Sie lockte es zu sich und streichelte es.
„Kapuzineraffen gibt es hier viele", merkte Anna an. „Ich zeige euch, wo sie leben." Anna marschierte zu einem knorrigen Baum. „Guckt mal, Tim und Elli … Elli? Wo bist du?" Anna und Tim hörten ein Platschen.
„Sie badet – ganz allein!", rief Tim erschrocken.
„Elli!", kreischte Anna und sprintete zum Flussufer. Dort schwamm Elli im kühlen Nass.
„Komm raus!", brüllten Tim und Anna aus vollem Hals.
Elli paddelte langsam zu ihren Freunden. „Warum regt ihr euch so auf?", fragte sie.
Anna deutete auf das gegenüberliegende Ufer. „Weil da hinten eine Anakonda hängt, die größte Schlange der Welt. Die hätte dich im Nu zerquetscht."
Elli wurde leichenblass. Von nun an hörte sie im Regenwald immer genau zu, wenn ihr jemand gute Tipps gab.

2 **Schreibe die fünf wichtigsten Handlungsschritte der Geschichte „Abenteuer im Dschungel“ auf.**

1. ______________________________

2. ______________________________

3. ______________________________

4. ______________________________

5. ______________________________

3 **Lies Katjas Nacherzählung der Geschichte „Abenteuer im Dschungel“. Hat sie alle wichtigen Figuren erwähnt?**

a) Unterstreiche die Namen der Figuren.

b) Suche auch nach den fünf wichtigsten Handlungsschritten und markiere sie farbig.

Tim und Elli verbrachten die Sommerferien mit Ellis Vater im Regenwald. Anna Maures, ein Mädchen aus dem Camp, zeigte ihnen die Umgebung. Anna erklärte, dass es im Camp kein Bad gab. Stattdessen konnte man im Fluss baden; aber nur, wenn ein Erwachsener nach Tieren Ausschau hielt. Plötzlich war Elli verschwunden. Anna und Tim fanden sie beim Baden im Fluss. Schnell forderten sie Elli auf, ans Ufer zu kommen. Tatsächlich versteckte sich eine Anakonda, eine sehr gefährliche Schlange, am gegenüberliegenden Ufer. Elli schwebte beim Schwimmen in großer Gefahr. Tim und Anna schrien Elli zu, dass sie sofort zurückkommen musste. Ab diesem Moment passte Elli im Regenwald immer auf und hörte zu, wenn jemand ihr etwas erklärte.

4 **Welcher Handlungsschritt fehlt in Katjas Text? Schreibe auf.**

Es fehlt Handlungsschritt Nummer ______.

Inhalte wiedergeben

Schreibplan:
- Gliedere deine Nacherzählung in Einleitung, Hauptteil und Schluss (Seite 92).
- Erzähle mit Hilfe anschaulicher und genau beschreibender Adjektive und Verben, damit die Nacherzählung abwechslungsreich und spannend wird (siehe Seite 94).
- Verwende das **Präteritum**.

5 **Welche Inhalte gehören in welchen Teil der Erzählung? Verbinde.**

Einleitung | Hauptteil | Schluss

Anna zeigt ihnen das Camp.

Elli badet im Fluss, obwohl eine gefährliche Anakonda in der Nähe ist.

Elli ist verschwunden.

Tim und Elli reisen in den Dschungel.

Elli passt gut auf, wenn jemand etwas erklärt.

Anna erklärt, dass man im Fluss baden kann, wenn ein Erwachsener dabei ist.

Elli hört nicht zu.

6 **Setze die Verben im richtigen Tempus ein.**

In den Ferien ______________ (reisen) Tim und Elli in den Dschungel. Ellis Vater ______________ (sein) auch dabei. Im Camp ______________ (sehen) sich Tim und Elli zusammen mit Anna Maures alles genau an. Ein Bad ______________ (geben) es nicht, wie Anna erklärte. Man ______________ (können) im Fluss baden, wenn ein Erwachsener ______________ (mitkommen).

7 +

Streiche die weniger gut passenden Wörter durch.

A Anna Maures, ein Mädchen aus dem Camp, zeigte ihnen die grüne/fremde Umgebung.

B Anna sagte/erklärte, dass es im Camp kein Bad gab.

C Stattdessen konnte man im Fluss baden; aber nur, wenn ein Erwachsener nach interessanten/gefährlichen Tieren Ausschau hielt.

D Tatsächlich versteckte sich eine Anakonda, eine große/riesige und sehr gefährliche Schlange, am gegenüberliegenden Ufer.

E Elli war/schwebte beim Schwimmen in großer Gefahr.

F Ab diesem Moment passte Elli im Regenwald immer/meist genau auf und hörte zu, wenn jemand ihr etwas erklärte.

8

Welche Überschrift ist am besten geeignet? Kreuze an.

- ☐ Das Äffchen
- ☐ Die Schlange
- ☐ Elli in Gefahr

! **Finde am Schluss eine Überschrift, die den Inhalt der Geschichte möglichst gut trifft.**

9

Vier Dinge gehören nicht in diese Nacherzählung. Streiche sie.

Tim und Elli reisten mit Ellis Vater für sechs Wochen in den Regenwald. Während Ellis Vater Pflanzen sammelte, zeigte ihnen Anna Maures das Camp. Es gab ein einfaches Klo, aber kein Bad und keine Küche. Die Kinder konnten im Fluss baden, durften das aber niemals allein tun, weil es im Dschungel viele gefährliche Tiere gab. Anna, Tim und Elli besuchten die Kapuzineraffen auf ihrem Baum am Rand des Camps. Doch Elli war plötzlich nicht mehr da. Ganz allein badete sie im Fluss! Sofort holten Anna und Tim Hilfe. Eine Anakonda lauerte auf einem Baum am Ufer. Elli musste das Wasser sofort verlassen.

Erzählen nach Mustern

Eine Lügengeschichte schreiben

Lügengeschichten erzählen von **unwahrscheinlichen** oder gar **völlig unmöglichen Begebenheiten** und sind deshalb meist lustig. Sie enthalten:

- **Fantastisches:**
  Der Mond lacht die Sonne aus.
- **Übertreibungen:**
  Es regnete so stark, dass man einen Schnorchel brauchte.
- **Falsche Deutungen:**
  Nach sieben Wochen Dauerregen freuen wir uns, dass es endlich regnet.
- **Missachtungen** von normalen Regeln:
  Morgens geht die Sonne unter.

1 **Stammen die folgenden Sätze aus einer Lügengeschichte oder aus einer Erlebniserzählung? Kreuze an.**

		Lügen-geschichte	Erlebnis-erzählung
Aa	Mit ihrem Pferd sprang Leila über ein zehnstöckiges Hochhaus.	☐	☐
Ab	Sie war eine großartige Springreiterin.	☐	☐
Ba	„Wenn du nicht endlich dein Zimmer aufräumst, darfst du heute Abend nicht fernsehen", schimpfte Mama.	☐	☐
Bb	„Endlich kein blödes Fernsehen mehr!", jubelte Marko.	☐	☐
Ca	Es regnete und die Sonne hatte schon seit Tagen nicht geschienen.	☐	☐
Cb	Da erschien ein grauer Regenbogen.	☐	☐

2 **Ergänze den Satz so, dass aus diesem Geschichtenanfang eine Lügengeschichte wird.**

Meine Oma war ____________________

... so alt, dass sie am Stock ging.

... so alt wie die Erde.

... 67 Jahre alt.

3 **Wie können diese Sätze einer Lügengeschichte weitergehen? Verbinde.**

A Bei meiner Geburt konnte ich fließend Hieroglyphen lesen, weil meine Mutter …

B In der Wüste war es so heiß, dass …

C In den Pyramiden entdeckte ich …

siebentausend vergammelte Mumien.

das Blut anfing zu kochen, wenn man das Zelt verließ.

in Ägypten lebte.

4 a) **Formuliere die Stichwörter zu Sätzen für eine Lügengeschichte aus.**
b) **Schreibe in Klammern auf, ob es sich um Beispiele für Übertreibungen, Missachtungen von Regeln, falsche Deutungen oder Fantastisches handelt.**

A auf Hawaii – ein Marsmännchen – den Urlaub – verbrachte

____

(____________________________)

B das Mädchen – ein Rennauto – schneller als – sprintete

____

(____________________________)

C macht – Spielen – überhaupt keinen Spaß

____

(____________________________)

D das Auto – fuhr – mit leerem Tank – nur

____

(____________________________)

Erzählen nach Mustern

Schreibplan: Gliedere deine Lügengeschichte in Einleitung, Hauptteil und Schluss (Seite 92).

- In der **Einleitung** wird meist so getan, als erzähle man ein echtes Erlebnis – entweder ein eigenes oder das eines anderen Menschen.
- Der **Hauptteil** baut mit mehreren Erzählschritten Spannung auf. Der **Höhepunkt** ist meist besonders lustig oder überraschend.
- Am **Schluss** geht die Lügengeschichte schnell zu Ende, damit man den witzigen Höhepunkt in Erinnerung behält.

5 Wähle passende Wörter aus und trage sie ein.

Buchstaben | gut | Regen | schlecht | Sonnenschein | Zahlen

loben | nicht | großen | genau | tadeln | kleinen

Einmal ging ich in strahlendem ______________ von der Schule nach Hause. Wie immer war ich ______________ gelaunt, weil ich in der Schule nur die prima Noten mit den hohen ______________ erhalten hatte. Meine Lehrer ______________ mich immer sehr für meine Bemühungen, die Klassenarbeiten meines Tischnachbarn möglichst ______________ zu übernehmen. Mein Tischnachbar bekommt immer nur die ______________ Noten. Komisch!

6 Wie kann diese Lügengeschichte enden?
Kreuze zwei Stichworte an, die sich für einen Schluss eignen.

Kurz bevor ich unser Haus erreichte, begann es zu regnen. Zum Glück war meine Regenjacke so wasserdicht, dass der Regen einen großen Bogen um mich machte und ich trocken blieb. Da kam ein Windstoß, der geschickt den Reißverschluss öffnete und die Regenjacke davontrug. Sofort wurde ich pitschnass. Es stürzte so viel Wasser vom Himmel, dass ich wie ein Schiff in der Schleuse nach oben schwamm. Ich bekam Angst zu ertrinken.

- ☐ kaputter Föhn
- ☐ oberes Stockwerk
- ☐ offenes Zimmerfenster
- ☐ volle Wasserflasche

7 +

Schreibe den Schluss der Lügengeschichte.
In jeder Wortschlange verstecken sich die Wörter für einen Satz.

____

____

____

8

Formuliere weitere Sätze für eine Lügengeschichte im Präteritum.
Schreibe sie auf die Linien.

A angenehm – die Bauchschmerzen – sehr – sein

____

B bestehen – das Pferd Wally – die Matheprüfung – für – seinen Reiter Lutz

____

C das Feuer – ich – löschen – mit Öl

____

9

In welchen Teil gehört dieser Satz? Kreuze an.

Aus meinen Büchern baute ich mit Spucke als Mörtel ein neues Haus.

☐ Einleitung ☐ Hauptteil ☐ Schluss

Frei erzählen

Eine Fantasiegeschichte schreiben

Eine Fantasiegeschichte (auch Fantasieerzählung genannt) schildert ein frei erfundenes Geschehen. Sie **spielt in einer fremden, fantastischen Welt** oder bringt **unwirkliche oder märchenhafte Elemente** in unsere Welt hinein, z. B.: *Unterwasserwesen im Ozean – Zauberer unter den Menschen – Außerirdische im Weltraum*

Verwende das **Präteritum**.
Wähle eine **Perspektive**.
Du kannst eine **Ich-Erzählung oder eine Er/Sie-Erzählung** schreiben:

- *Ich betrat das Unterwasserlabor.*
- *Luzie tauchte in die Tiefe. Sie wusste nicht, was sie dort erwartete.*

1 Welche Ideen passen in eine Fantasiegeschichte? Kreuze an.

☐ **A** Kinder treffen sich als Hexen verkleidet im Wald.
☐ **B** Die Hexen versammeln sich im Zauberwald.
☐ **C** Ein Außerirdischer lebt unbemerkt unter Menschen.
☐ **D** Die Kolonie auf dem Mars gerät in Gefahr.
☐ **E** Ein Junge geht unbemerkt auf eine Mädchenschule.
☐ **F** Eine Rakete startet in den Weltraum.

2 Welche dieser Sätze ergeben eine Fantasiegeschichte? Kreuze an.

☐ **A** Luzie ging zum Strand und schwamm im Meer.
☐ **B** Sie tauchte unter und begann, durch ihre Kiemen zu atmen.
☐ **C** Ihre Schwimmhäute trugen sie zum Unterwasserlabor.
☐ **D** Dort guckte sie zuerst nach neuen E-Mails.
☐ **E** Die Mail von ihrem Chef Orka war besonders wichtig.
☐ **F** Dann unterhielt Luzie sich mit ihrem Kollegen Amir.
☐ **G** Amir war ein Fischling.
☐ **H** Hoffentlich würde ihr neues Projekt ein Erfolg werden!

3 **Formuliere um in eine Ich-Erzählung.**

Luzies Arbeit im Labor war sehr schwierig.

___

Sie fütterte die Mini-Fische und maß ihnen den Blutdruck.

___

Dann dachte sie sich verschiedene Experimente aus.

___

4 **Setze die Verben im richtigen Tempus ein.**
Kreuze an, welche Perspektive verwendet wurde.

Das Meer ________ (sein) ruhig, als ich am Morgen zur Arbeit ________ (schwimmen). Wie alle Fischlinge ________ (lieben) ich das kühle Wasser. Im Labor ________ (geben) es den Menschen zuliebe kein Wasser. Ich ________ (schlagen) ein letztes Mal mit den Flossen in das kalte Nass. Seufzend ________ (betreten) ich die Trocknungsschleuse.

☐ Ich-Erzählung ☐ Er/Sie-Erzählung

5 **Bilde aus dem Wortsalat weitere Sätze für eine Fantasiegeschichte.**
Achtung: Es ist immer ein Wort zu viel da!

A | Luzie ich Krebs Labor traf Im |

___

B | war Sie grün halb und halb Fischling Mensch |

___

C | an der Erforschung gemeinsam arbeiteten lustig der Mini-Fische Wir |

___

Schreibplan: Gliedere deine Fantasiegeschichte in Einleitung, Hauptteil und Schluss (siehe Seite 92).

Schreibe abwechslungsreich und spannend. Dabei können treffende Adjektive und Verben helfen. Achte auch auf die Satzanfänge (siehe Seite 94).

6 **In dieser Fantasiegeschichte fehlen die Absätze. Wo endet die Einleitung und beginnt der Hauptteil? Markiere die Grenze mit einem farbigen Strich ⌐.**

Das Meer war ruhig und angenehm kühl, als ich am Morgen zur Arbeit schwamm. Ich schlug ein letztes Mal mit den Flossen in das kalte Nass und betrat die Trocknungsschleuse. Aufgeregt kam mir meine Kollegin Luzie entgegen. „Die Mini-Fische sind krank!", rief sie. „Ich glaube, sie haben Heimweh." Tatsächlich, unsere Mini-Fische sahen blass aus. Sie schwebten in einer Ecke zwischen Steine gedrängt und bewegten sich kaum. „Wir müssen ihnen helfen", sagte ich, „sonst werden sie sterben."

7 **+**

a) Diese Fantasiegeschichte ist langweilig. Markiere die Wiederholungen.
b) Sammle weitere Wörter, die du am Satzanfang verwenden kannst, um auszudrücken, was als Nächstes passiert.

Das Schicksal der Mini-Fische

Minnix war ein winziger Mini-Fisch und lebte mit seinem Schwarm tief unten im Ozean, wo es kalt und dunkel ist.
Dann geschah eines Tages etwas Schreckliches. Dann hörten Minnix und seine Brüder ein ohrenbetäubendes Geräusch. Dann wurden sie von einem riesigen Metallungetüm verfolgt. Dann verschlang sie der Unterwasserstaubsauger.
Dann sperrten riesige Fischlinge sie in ein enges, viel zu helles Aquarium.
Dann mussten die Mini-Fische jeden Tag Kunststücke vorführen.
Dann fühlten sie sich gar nicht wohl. Dann wurden sie krank vor Heimweh.

da, dann, plötzlich, auf einmal, ____________________

____

8 **Wie können Luzie und Amir das Heimweh der Mini-Fische lindern?**
Male die beiden besten Ideen farbig aus.

ihnen etwas vorsingen

mit ihnen Karten spielen

ihnen Futter aus der Heimat zu fressen geben

sie nach Hause bringen

9 **Lies den Schluss der Fantasiegeschichte.**
Wie würde Minnie, der Mini-Fisch, ihn erzählen?
Schreibe den Schluss aus Minnies Perspektive auf.

Am nächsten Tag bekamen die Mini-Fische ein anderes Futter: Algen direkt aus ihrer Tiefsee-heimat. Gleich wurden die Winzlinge fröhlicher. Als die Fischlinge und Menschen ihre Experimente beendet hatten, durften Minnix und seine Brüder zurück nach Hause. Dort lebten sie glücklich, bis man sie im Dunkeln nicht mehr sehen konnte.

Sachlich informieren: Beschreibung

Eine Person beschreiben

Auf welche Weise du eine Person beschreibst, hängt vom **Zweck der Beschreibung** (z. B. Porträt, Fahndungs-Steckbrief) und vom **Adressaten** (z. B. Freunde, Schulleitung, Öffentlichkeit) ab. Je nach Anlass schreibst du knapp und sachlich oder ausführlicher oder gar ausschmückend.

- Wenn du eine Person beschreibst, schilderst du ihre **äußerlichen Merkmale**, also nur das, was du siehst: Geschlecht und (geschätztes) Alter, Körpergröße und -form, Haarfarbe, -frisur, Bart, Kleidung, Schmuck, Brille, ggf. besondere Kennzeichen.
- Verwende das **Präsens**. Beschreibe kurz und möglichst genau: *kurzes blondes Haar* (nicht: *hell- bis dunkelblondes Haar, das sehr kurzgeschnitten ist*).
- Verzichte auf deine Meinung oder persönliche Wertungen: *ein goldener Ohrring* (nicht: *ein cooler Ohrring*).

1 **Ein Schulcomputer ist gestohlen worden! Annika und Cem haben einen Verdächtigen beobachtet.**

Die Klassenlehrerin bittet Cem, eine Personenbeschreibung des Verdächtigen zu verfassen. Kreise Adjektive bzw. Partizipien ein, die ihn genau beschreiben.

Haare: kurzgeschnitten | gescheitelt | braun | blond | glatt

Gesichtsform: bärtig | blass | hässlich | länglich | oval

Körperform: groß | klein | untersetzt | dünn | schlank

Kleidung: alt | abgenutzt | glänzend | schwarz | rot

Besonderes: sportlich | golden | auffällig

2 **Cem schreibt zuerst einen Einleitungssatz. Vervollständige ihn mit den Wörtern aus dem Wortmaterial.**

Jahren | Mann | Person

Die zu beschreibende ________________ ist

ein ________________ von etwa 30 ________________.

3 **+** **Im Hauptteil beschreibt Cem den Verdächtigen genau. Leider haben sich dabei einige Aussagen eingeschlichen, die nicht sachlich sind. Finde und unterstreiche sie.**

Der Schuft ist groß gewachsen und schlank. Seine glatten blonden Haare sind uncool geschnitten und gescheitelt. Sein Gesicht ist wie ein Babypo rasiert. Man sieht eine finstere Narbe auf der Wange. Der Mann trägt eine schwarze Lederjacke und blaue, verwaschene Jeans. Um den Hals hat er eine prollige Kette.

4 **Schreibe Cems Personenbeschreibung ab. Ersetze dabei die von dir unterstrichenen Wörter durch sachliche Merkmale aus dem Wortmaterial.**

Er | glatt | goldene | kurz | lange | auffällige

____

____

____

____

5 **Wer ist hier beschrieben?**

Es ist ein Tier mit langen Ohren und kräftigen Beinen. Sein Fell ist hellbraun, sein Schwanz weiß. Auf dem Rücken trägt es einen Korb mit bunten Eiern.

____

Sachlich informieren: Beschreibung

Einen Gegenstand beschreiben

Einen Gegenstand beschreibst du im **Präsens**. Schreibe sachlich, beschreibe genau und in einer **sinnvollen Reihenfolge**:

Beginne mit der Überschrift. Gib im Einleitungssatz an, was du beschreibst. Beschreibe zuerst allgemeine, dann wichtige oder auffällige Merkmale. Am Schluss folgen besondere, unwichtigere oder weniger auffällige Details:

Ich beschreibe das Fahrrad des Hausmeisters.
Es ist grün mit silbernen Schutzblechen. Die Klingel hat die Form einer Hupe.

1 **Bilde aus den Wörtern im Wortmaterial drei Einleitungssätze. Das Beispiel im Kasten oben hilft dir dabei.**

Fahrrad | das | ein | Ententeich | Fahrrad | gefundenes
im | mein | neues | Schulleiters | unseres | Fahrrad

Ich beschreibe ______

Ich beschreibe ______

Ich beschreibe ______

2 **Kai mailt seiner Tante und beschreibt sein neues Fahrrad. In welcher Reihenfolge soll er die Merkmale erwähnen? Nummeriere sie vom Allgemeinen zum Speziellen und du erhältst ein weiteres Merkmal.**

___ 21 Gänge (O)

___ breite Reifen (H)

___ rot mit schwarzen Schutzblechen (A)

___ Mountainbike (T)

___ Schriftzug „Bikestar“ auf Rahmen (C)

Lösung: ___ ___ ___ ___ ___

3 **Hilf Kai, das richtige Tempus zu wählen. Streiche die falsche Verbform durch.**

Mein Mountainbike war/ist rot mit schwarzen Schutzblechen.

Auf dem Rahmen steht/stand der Schriftzug „Bikestar".

Das Rad hatte/hat breite Reifen und 21 Gänge.

4 + **Setze die Verben im richtigen Tempus in die Lücken ein.**

Ich ______________ (beschreiben) mein neues Mountainbike.

Es ______________ (sein) rot mit schwarzen Schutzblechen.

Auf dem Rahmen ______________ (stehen) der Schriftzug „Bikestar".

Das Mountainbike ______________ (haben) sehr breite Reifen.

Es ______________ (bieten) 21 Gänge. Die Geschwindigkeit

______________ (kontrollieren) man mit einem Tacho.

5 **Sortiere diese Merkmale eines Fahrrads.**

___ A grün

___ B platter Reifen

___ C Rahmennummer 123-987 654

___ D gefunden im Ententeich

6 **Clown Billo beschreibt sein Rad.**
Ergänze seine Beschreibung. Das Bild hilft dir dabei.

Rahmen und Schutzbleche meines Rades sind ______________.

Es hat nur ein Rad und ______________ Lenker.

Ich kann damit vorwärts, ______________ und

auf der Stelle fahren.

Sachlich informieren: Beschreibung

Einen Vorgang beschreiben

Im Einleitungssatz einer Vorgangsbeschreibung beschreibst du das **Ziel** des Vorgangs. Nenne hier auch die benötigten **Werkzeuge** und **Materialien**, es folgen die **Arbeitsschritte** in der **richtigen Reihenfolge**.

Die **Anweisungen** kannst du unterschiedlich formulieren:

- unpersönlich: *Man rührt den Teig.*
- in der direkten Anrede: *Du rührst den Teig.*
- im Imperativ: *Rühre den Teig.*
- im Passiv: *Der Teig wird gerührt.*

1 **Jolyn trifft ein Marsmännchen. Es findet ihr Handy total spannend. Jolyn beschreibt ihm, wie man eine SMS verschickt. Welcher ihrer Einleitungssätze formuliert am besten das Ziel der Beschreibung?**

- ☐ **A** Zuerst das Handy einschalten.
- ☐ **B** Ich beschreibe, wie man mit einem Handy eine kurze Textnachricht, SMS genannt, verschickt.
- ☐ **C** Für eine SMS brauchst du ein Handy.

2 **Jolyn hat in Stichworten notiert, was sie beschreiben will. Nummeriere die Stichpunkte von 1 bis 6. Die hinterlegten Buchstaben ergeben ein weiteres Stichwort.**

___ NUMMER EINGEBEN
___ TEXT MIT ZAHLENTASTEN EINTIPPEN
___ MENÜ WÄHLEN
___ AUF „SENDEN“ ODER „OKAY“ DRÜCKEN
___ HANDY EINSCHALTEN
___ NEUE SMS-NACHRICHT ÖFFNEN

Lösung: ___ ___ ___ ___ ___ ___

3 +

a) **In welcher Form sind diese Anweisungen formuliert? Notiere.**

____

b) **Trage alle Verben in der richtigen Form ein.**

Zuerst _______ (schalten) man das Handy ein.

Dann _______ (wählen) man das Menü und _______ (öffnen)

eine neue SMS-Nachricht. Nun _______ (tippen) man den Text

über die Zahlentasten ein. Anschließend _______ (geben) man

die Telefonnummer des Empfängers ein. Zuletzt _______ (drücken)

man auf dem Handy die Taste „Senden" oder „Okay".

4

Viele Handys können auch Fotos machen.
Schreibe die folgende Anweisung in allen vier Formen auf.

im Menü die Kamera anwählen

____

____

____

____

5

Finde weitere Adverbien (Umstandswörter), die du verwenden kannst, um die richtige Reihenfolge des Vorganges zu beschreiben.

zuerst, anschließend, _______________

____

____

____

Sachlich informieren: Bericht

Einen Bericht schreiben

Berichtende Texte informieren über ein vergangenes Ereignis.
Überlege, **zu welchem Zweck** die Informationen von wem benötigt werden, z. B. Polizei, Gericht, Versicherung (Unfallbericht), (Schüler-)Zeitung.

Stelle dar, wie das Ereignis abgelaufen ist. Dabei helfen die **W-Fragen**:

Was?	*Wer?*	*Welche Folgen?*
Wo?	*Wie?*	
Wann?	*Warum?*	

1 Welche Fragen soll ein Bericht beantworten? Setze die richtigen Fragepronomen (W-Fragewörter) ein.

__________ ist passiert?

__________ war beteiligt?

__________ fand das Ereignis statt?

__________ geschah es?

__________ ist es abgelaufen?

__________ ist es so geschehen?

__________ Folgen hatte das Ereignis?

! Wie bei jedem Text, den du schreibst, solltest du dir zuerst Notizen machen. Schreibe die W-Fragen untereinander auf ein Blatt Papier und notiere daneben alles, was dir einfällt.

2 **Laura hat einen Bericht über ihre Klassenfahrt geschrieben.**
Lies den Anfang ihres Berichtes.
Schreibe in die Klammern, welche W-Fragen beantwortet werden.

Die Klassenfahrt (________________) führte uns, die Klasse 6c,

und unseren Klassenlehrer Herrn Montag (________________),

vom Dienstag, den 18. März, bis Freitag, den 21. März (________________),

in die Jugendherberge „Wolfsgrund" am Schluchsee (________________).

3 **Hier sind weitere Abschnitte von Lauras Bericht.**
Welche W-Fragen beantworten sie?
Wähle zwei Fragen aus und schreibe sie auf die Linien.

Welche Folgen hatte das Ereignis?

Wie ist das Ereignis abgelaufen?

Warum ist das Ereignis so abgelaufen?

____

Wir fuhren am Dienstag um neun Uhr mit dem Reisebus ab. Nach der Ankunft bezogen wir unsere Zimmer und sahen uns in der Jugendherberge um. Am Nachmittag machten wir mit Herrn Montag einen Spaziergang in die Stadt.

____

Die Klassenfahrt hat die Klassengemeinschaft verbessert. Wir sprechen oft von unseren Abenteuern im „Wolfsgrund".

4 **Laura hat sich noch einige Notizen für den Bericht gemacht.**
Welche beantworten die W-Frage „Warum"? Kreuze sie an.

- ☐ **A** um acht Uhr frühstücken
- ☐ **B** sich gegenseitig besser kennenlernen
- ☐ **C** Spaß zusammen haben
- ☐ **D** Mitternachtsparty
- ☐ **E** Betreuungslehrerin Frau Zander
- ☐ **F** außerhalb der Schule lernen

Sachlich informieren: Bericht

Schreibplan: Den Bericht schreibst du in drei Teilen: Einleitung, Hauptteil und Schluss. Beachte dabei die **richtige Reihenfolge** der Vorgänge.

Der Bericht wird **genau** und **sachlich** geschrieben. So bekommen Menschen, die nicht dabei waren, eine klare Vorstellung vom Ereignis.
Achte auf das richtige Tempus:

- Verwende für vergangene Ereignisse das **Präteritum**,
- für mögliche Folgen des berichteten Geschehens aber das **Präsens**.

5 **Auch Mahmut berichtet von seiner Klassenfahrt.**
Füge die wichtigen Informationen in seine Einleitung ein.

Klassenfahrt | Biolehrer | Neustadt | Schüler

Unsere ______________________ begann am Montag, den 7. September.

Um 8:30 Uhr trafen sich alle ______________________ der Klasse 6a mit

der Klassenlehrerin, Frau Claas, und dem ________________, Herrn Kunstmann,

am Bahnhof. Ein Regionalzug brachte uns nach ______________________.

6 **Bringe die Ereignisse im Hauptteil von Mahmuts Bericht in die richtige Reihenfolge. Schreibe die hinterlegten Buchstaben auf. So erfährst du, welches Tier die Schüler gesehen haben.**

___ Als es dunkel würde, hörten wir eine Gruselgeschichte.

___ Am Bach entdeckten wir ein seltenes Tier.

___ Am Dienstag machten wir eine Wanderung durch den Wald zum Bach.

___ Danach stärkten wir uns auf einer Lichtung mit Obst und Getränken.

___ Nach der Wanderung wurde am Lagerfeuer Stockbrot gegrillt.

Lösung: ___ ___ ___ ___ ___

7 + **Welcher Textabschnitt ist hier Einleitung, welcher Hauptteil oder Schluss? Verbinde.**

Am Montag ging es um sieben Uhr los. Der Schulbus brachte uns zum Bahnhof, wo wir einen Zug nach Norden bestiegen. ...

Die Klassenfahrt war sehr schön. Die Jugendherberge und die Umgebung boten viele Möglichkeiten zum Spielen und Lernen. Wir empfehlen jeder Klasse, dort einmal hinzufahren.

In der ersten Augustwoche führte uns unsere Klassenfahrt an die Nordseeküste bei Cuxhaven. Es reisten gemeinsam die Klassen 6a und 6b und die Lehrer Frau Sommer, Herr Winter und Herr Herbst.

Einleitung

Hauptteil

Schluss

8 **Setze die Verben im richtigen Tempus in den Bericht ein.**

Schon auf der Zugfahrt ______________ (passieren) etwas Aufregendes. Nach dem Umsteigen in den ICE ______________ (bemerken) wir, dass Jessica fehlte. Wir ______________ (bekommen) große Angst, sie am Umsteigebahnhof vergessen zu haben. Zum Glück ______________ (erscheinen) sie nach zehn Minuten in unserem Abteil. Sie war nur in den falschen Wagen eingestiegen.

9 **Welches Tempus muss Mahmut im Schluss seines Berichtes verwenden? Streiche das falsche Tempus durch.**

Alle Schüler sind/waren traurig, als die Klassenfahrt zu Ende geht/ging.

Wir haben/hatten jeden Tag viel Spaß und lernen/lernten einiges Neues.

Wir denken/dachten immer noch gern daran zurück.

Argumentieren

Einen Leserbrief schreiben

Argumentieren heißt, die eigene Meinung **überzeugend begründen**.
Ein Leserbrief (argumentierender Brief) besteht aus drei Teilen:

- In der Einleitung erklärst du kurz, warum du den Brief schreibst. Nenne deine Meinung (Position zum Thema: **Behauptung/These**).
- Im Hauptteil begründest du deine Position. Gib **Argumente** und belege diese durch **Beispiele**.
- Im Schluss regst du die Leser dazu an, sich deiner Meinung anzuschließen oder etwas Bestimmtes zu unternehmen.

Ein überzeugender Leserbrief stellt die eigene Sichtweise **sachlich** dar und darf keine Beleidigungen enthalten. Formuliere höflich und vermeide Umgangssprache. Schreibe im **Präsens**. Fasse dich **kurz**.

1 **Was will man mit einem Leserbrief erreichen?**
Finde zwei Gründe in der Wortschlange. Schreibe sie auf die Linien.

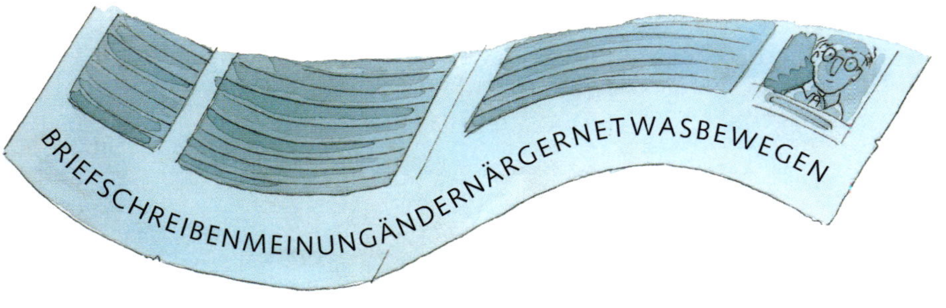

1. ______________________ 2. ______________________

2 **Vervollständige diese Briefeinleitung mit Wörtern aus dem Wortmaterial.**

Damen | Sehr | Sie | unternehmen

! In der höflichen Anrede schreibst du die Pronomen groß: *Sie, Ihnen.*

______________ geehrte ______________ und Herren,

ich wende mich mit der Bitte an ______________, etwas gegen

den Müll auf dem Schulhof zu ______________.

3 **Die Klasse 6e veröffentlicht einen Leserbrief in der Schülerzeitung. Einige Wörter sind jedoch durcheinander. Schreibe sie richtig auf.**

Sehr geehrter Herr ____________________ [üllMer],

____________________ [riw], die Klasse 6e,

möchten Sie mit diesem ____________________ [fBeir] darauf hinweisen, wie

____________________ [wscheirgi] die Lage für busfahrende Schüler ist.

4 **Lies den Hauptteil dieses Leserbriefes der 6e.**
a) Kreuze an, worum es im Brief geht.

Es geht im Brief darum, dass …

- ☐ **A** die Schüler nie pünktlich am Bus sind.
- ☐ **B** die Busse oft zu spät kommen oder zu früh abfahren.
- ☐ **C** die Schüler keinen Regen mögen.

b) Unterstreiche im Text drei Argumente (Begründungen) dafür, dass sich die Situation mit den Bussen verändern muss.

Die Schulbusse müssen in Zukunft pünktlicher fahren. Das geht so nicht weiter, weil viele von uns dauernd krank werden. Wer den Bus nimmt, muss oft lange an den Haltestellen warten, ob bei Hitze, Regen oder Kälte. Außerdem bekommen wir oft unnötig Ärger zu Hause. Unsere Eltern machen sich Sorgen oder schimpfen, weil sie nicht glauben, dass die Busse ständig verspätet sind. An anderen Tagen stehen die Busse bereits abfahrbereit vor dem Schulgebäude, wenn der Unterricht endet. Weil sie aber dann oft schon drei Minuten nach dem Klingeln abfahren, bleiben viele Schüler, die zum Beispiel noch Hausaufgaben aufschreiben oder kurz mit ihren Freunden sprechen wollten, an der Haltestelle stehen.

5 **Ordne die Argumente von Aufgabe 4 so an, dass das Argument am Schluss steht, das du am überzeugendsten findest.**

! **Bringe deine Argumente (Begründungen) in eine sinnvolle Reihenfolge, am besten von den schwächeren zum stärksten/überzeugendsten. Fordere den Leser zum Schluss auf, die Sache in deinem Sinne zu verändern.**

____

____

____

6 **Was könnten sich die Schüler aus der 6e am Schluss des Briefes vom Direktor wünschen? Kreuze zwei Vorschläge an.**

- ☐ **A** Die Busse sollen immer zur gleichen Zeit abfahren.
- ☐ **B** Die Busfahrer sollen freundlicher sein.
- ☐ **C** Es soll keine Hausaufgaben mehr geben.
- ☐ **D** Es soll genug Zeit zwischen Schulschluss und Abfahrt bleiben.

7 **Ergänze den Schluss des Briefes.**

genug Zeit bleiben | nach Hause | immer zur gleichen Zeit | Verabredungen zu treffen

Wir wünschen uns, dass die Busse ______________________ abfahren.

Zwischen Schulschluss und Abfahrt soll ______________________,

um Hausaufgaben aufzuschreiben oder ______________________.

Bitte helfen Sie uns, damit wir ohne Ärger zur Schule und wieder

______________________ kommen!

8 **+** **Lies diesen Leserbrief aufmerksam und notiere, was verbessert werden muss.**

Sehr geehrte Damen und Herren,

wir schreiben Ihnen diesen Brief, um Sie um etwas zu bitten.

In der Klasse 6b arbeiten wir noch mit Lexikon und Diaprojektor.

In der Parallelklasse gibt es dagegen schon lange Computer und Beamer.

Damit wird der Unterricht cooler und lockerer! Die Schüler lernen,

selbst nach Wissen zu suchen und es den anderen zu erklären.

Jetzt helfen Sie uns endlich! Sagen Sie der Schule gefälligst, dass

sie für unsere Klasse einige Computer und einen Beamer anschaffen soll.

Mit freundlichen Grüßen

Ihre Klasse 6b

9 **Wie wären die Sätze aus dem Leserbrief der 6b besser formuliert? Verbinde.**

A Wir schreiben Ihnen diesen Brief, um

B Damit wird der Unterricht

C Bitte helfen

1 abwechslungsreicher und interessanter.

2 Sie uns.

3 Sie um eine bessere Ausstattung unserer Klasse zu bitten.

10 **Verbessere: Streiche die falsche Möglichkeit durch.**

Der Schulhof liegt/lag häufig voller Müll.

Es riecht total eklig/sehr unangenehm.

Der Heini von der Schulleitung/Die Schulleitung muss etwas unternehmen.

Falls nichts/wenn da nicht bald mal was geschieht,

ziehen wir die Elternvertreter hinzu.

Texte überarbeiten: Grammatische Proben

Überarbeite grundsätzlich jeden Text nach dem Schreiben.
Dabei helfen die grammatischen Proben.

- **Weglassprobe**: Prüfe, welche Satzglieder in einem Satz unbedingt notwendig sind. Streiche überflüssige Wörter, insbesondere (sinnfreie) Füllwörter wie *doch, ja, eben, irgendwie, mal.*
  Merke dir: Wenn du das Wort nicht brauchst, lasse es weg.
  Lasse wusste ~~doch~~ gleich, dass ~~bestimmt~~ Gefahr lauerte.
  → Lasse wusste gleich, dass Gefahr lauerte.
- **Erweiterungsprobe**: Kannst du einen Satz um genauere Angaben (z. B. Objekte, Seite 78; adverbiale Bestimmungen, Seite 80) erweitern? Sie machen einen Text oft verständlicher oder eine Beschreibung genauer.
  Ein Mann kam Lasse entgegen.
  → *Ein bärtiger Mann kam Lasse schnellen Schrittes entgegen.*

1 **Welche Proben würden helfen, die Sätze besser zu formulieren? Verbinde.**

A Lasse hatte halt eben immer Recht.

B Lasse stand vor dem Haus.

C Lasse hatte einen Koffer dabei.

D Lasse fuhr einen kleinen, grünen, ziemlich alten, scheppernden Golf.

E Das war ja nun mal klar.

F „Hören Sie zu", sagte sie.

Weglassprobe

Erweiterungsprobe

2 **Welche Wörter solltest du hier weglassen? Streiche sie durch.**

A Lasse war nämlich sowieso der Beste in seinem Beruf.

B Er war schon seit ewig langer Zeit Detektiv.

C Aber eine gefährliche, schwarz glänzende und laute Pistole trug er nicht.

D Lasse hatte irgendwie jeden Tag Lust auf ein neues Abenteuer.

Umstellprobe (Seite 78): Ändere die Reihenfolge von Satzgliedern. Stelle wichtige Informationen an den Satzbeginn, um sie hervorzuheben, oder ans Satzende, damit sie nachklingen.

Mit einem Tunnelbohrgerät wird der Tunnel vorangetrieben.
→ *Der Tunnel wird mit einem Tunnelbohrgerät vorangetrieben.*

3 **Stelle die Sätze um, so dass ein anderes Satzglied vorn steht.**

A Bei dem Unglück ist die Titanic untergegangen.

____

B Die Germanen lebten am Rande des römischen Weltreiches.

____

4 **Stelle diese Sätze so um, dass das markierte Satzglied betont ist.**
Achte auf die Groß- und Kleinschreibung!

A Die Ponys standen zitternd auf der Weide.

____

B Timmi, ihr Besitzer, pfiff lockend nach seinen Tieren.

____

C Er verteilte mit ruhiger Hand Leckerbissen.

____

5 **Kreuze bei jedem Satz an, welche Probe du anwenden musst.**
Führe sie durch und schreibe jeden überarbeiteten Satz in dein Heft.

A Da kam ein Hund.
☐ Weglassprobe ☐ Erweiterungsprobe ☐ Umstellprobe

B Das Aufwärmen ist für Fußballer besonders wichtig.
☐ Weglassprobe ☐ Erweiterungsprobe ☐ Umstellprobe

C Es war ja nun wirklich ein total merkwürdiger Tag.
☐ Weglassprobe ☐ Erweiterungsprobe ☐ Umstellprobe

Texte überarbeiten: Rechtschreibung und Kommas

Beim Überarbeiten musst du auch **Rechtschreibung und Zeichensetzung kontrollieren**. Dabei helfen diese Tricks:

- Mache mehrere Durchgänge mit der **Textlupe**. Das bedeutet: Konzentriere dich jeweils auf einen Fehlertyp. z. B. Groß- und Kleinschreibung, Auslaute oder Kommas.
- Lies deinen Text von hinten nach vorn und Wort für Wort durch. Dabei bist du konzentrierter, weil du den Text in der falschen Reihenfolge ohne Sinn liest und einen freieren Blick für die Schreibweise einzelner Wörter hast.

1 **Lies diese Sätze aus einer Geschichte von Manuel.**
a) Finde und unterstreiche Fehler der Groß- und Kleinschreibung.
b) Schreibe den Text verbessert ins Heft.

An einem Schönen Sommertag saß Ritter Hotz traurig in seiner Burg. Er hatte schon so Lange kein richtiges abenteuer mehr erlebt. Das leben war einfach Langweilig!

2 **So geht Manuels Geschichte weiter.**
a) Unterstreiche, wo nötig, Fehler bei den Satzschlusszeichen.
b) Setze die richtigen Zeichen ein.

Da hörte Ritter Hotz plötzlich ein lautes Brüllen.

Das war doch nicht zu glauben. Im Burghof saß ein großer, grüner Drache. Konnte das möglich sein.

3 **Dies ist der Schluss von Manuels Geschichte.**
a) Kontrolliere sie von hinten nach vorn mit der Textlupe: Kreise sieben Fehler ein.
b) Schreibe den Text verbessert ins Heft.

Ritter Hoz zehmte den Drachen und nante ihn Draco. Draco wurde ein treuer Gefärte und half Ritter Hotz oft aus der Gefar. Gemeinsam erlebten sie die tolsten abenteuer.

4 **Korrigiere diese Geschichte von Maria.**
Es haben sich auch zwei Zeichensetzungsfehler eingeschlichen.

Ritter Hotz war ein mutiker und starker Ritter. Sein

Drache Draco konnte fliegen, Feuer spukken und

Wunden heilen. Zusammen waren sie unschlaagbar.

Doch eines Tages wurde Draco krank. Er frass nicht mehr und weinte viel.

Hotz machte sich große Sorgen. Er fragte Ärzte, Hechsen und den Pabst aber

keiner konnte Draco helfen. Da klopfte ein Drachenweipchen ans Tor. Sie hatte

Dracos Weinen gehöhrt und wuste, dass er einsam wahr Nun hatte Ritter Hotz

zwei unschlagbahre, verliebte Drachen.

! Wenn du unsicher bist, schlage die Rechtschreibung eines Wortes im Wörterbuch nach.

5 **Finde in der Wortschlange Wörter, die großgeschrieben werden müssen.**
Markiere sie farbig.

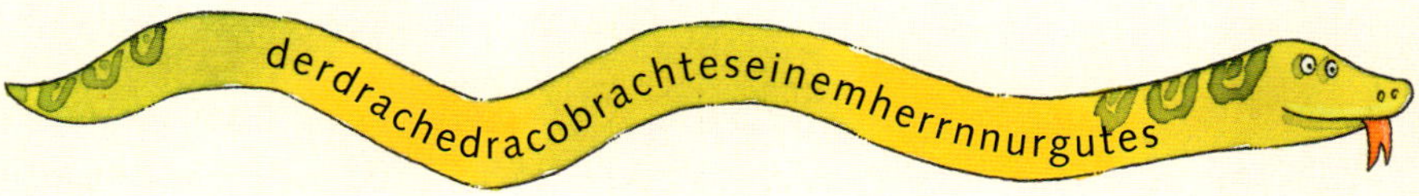

6 **Schlage diese Wörter im Wörterbuch nach und schreibe sie richtig auf.**

Protese ____________________

Gardiene ____________________

Magarine ____________________

Glossar

Adjektiv	Eigenschaftswort, typische Endungen: *-ig, -lich, -isch, -bar, -haft, -los, -sam, -voll*
Adverb	Umstandswort, wird nicht gebeugt, z. B.: *dort, stets, heute …*
adverbiale Bestimmung	Umstandsbestimmung, bestimmt das Verb näher, gibt an warum, wann, wo, wie, wie oft etwas geschieht
Adverbialsatz	Gliedsatz (Nebensatz), der einen Umstand angibt
Akkusativ	→ Kasus
Attribut	nähere Bestimmung, meist eines Nomens
Attributivsatz	Nebensatz, der ein Attribut ersetzt (→ Relativsatz)
Artikel	bestimmter (*der, die, das*) und unbestimmter (*ein, eine*) Begleiter des Nomens
Dativ	→ Kasus
Finalsatz	→ Adverbialsatz, der einen Zweck oder eine Absicht ausdrückt, z. B.: *damit, auf dass*
Futur	→ Tempus
Genitiv	→ Kasus
Genus	grammatisches Geschlecht eines Nomens (Maskulinum/männlich, Femininum/weiblich, Neutrum/sächlich)
Hilfsverb	trägt bei zusammengesetzten Zeitformen die Personalform des (Voll-)Verbs, z. B.: *(werden) sie wird verschwinden, (haben) er hat gelacht, (sein) ich bin gegangen.*
Imperativ	Befehlsform
Imperfekt	→ Präteritum
Infinitiv	Grundform des → Verbs
Kasus (4 Fälle)	Nominativ (Wer?/Was?), Genitiv (Wessen?), Dativ (Wem?), Akkusativ (Wen? Was?)
Kausalsatz	→ Adverbialsatz, der einen Grund angibt, z. B.: *weil, da, weshalb*
Konjunktion	Bindewort (nebenordnend: *und, doch, aber, denn, oder …*; unterordnend: *weil, dass, obwohl, wo, indem …*)
Lokalsatz	→ Adverbialsatz, der den Ort angibt, z. B.: *soweit, wo, woher*
Modalverb	*können, sollen, mögen, dürfen* oder *wollen*
Nomen	Hauptwort, Namenwort, Substantiv
Nominativ	→ Kasus

Numerus	Anzahl (Singular/Einzahl, Plural/Mehrzahl)
Objekt	Satzglied, Ergänzung zum → Prädikat (Akkusativ-, Dativobjekt)
Partizip	→ Verb
Perfekt	→ Tempus
Personalform	→ Verb
Plusquamperfekt	→ Tempus
Prädikat	Satzkern (Satzaussage), enthält die Personalform des Verbs im Satz (→ Verb in gebeugter Form)
Präposition	Verhältniswort, z. B.: *vor, in, bei; bei + dem = beim*
Präsens	→ Tempus
Präteritum	→ Tempus
Pronomen	Fürwort, Stellvertreter (Personalpronomen/persönliches Fürwort: *ich, du er, sie, es, wir, ihr, sie*) oder Begleiter des Nomens (Possessivpronomen/besitzanzeigendes Fürwort: *mein, dein, sein, unsere, eure, ihre*; Demonstrativpronomen/ hinweisendes Fürwort: *dieses, jenes*)
Relativpronomen	Fürwort: *der, die, das, welcher, welche, welches*
Relativsatz	Nebensatz, der die Stelle eines Attributs einnimmt
Satzgefüge	Verbindung aus Haupt- und Nebensatz
Satzglied	→ Subjekt, → Prädikat, → Objekt(e)
Satzreihe	Verbindung von zwei oder mehr Hauptsätzen zu einem Satz
Subjekt	Satzglied (Satzgegenstand)
Temporalsatz	→ Adverbialsatz, benennt Zeitpunkt oder Dauer (*nachdem, als, während …*)
Tempus (pl. Tempora)	→ Zeitformen des Verbs. Präsens (Gegenwart), Präteritum (Imperfekt, einfache Vergangenheit), Perfekt (zusammengesetzte Vergangenheit), Plusquamperfekt (in der Vergangenheit bereits Zurückliegendes), Futur (Zukunft)
Verb	Tätigkeitswort. Ungebeugte (infinite) Verbformen: Infinitiv: *haben*; Partizip I/Partizip Präsens: *habend;* Partizip II/Partizip Perfekt: *gehabt.* Personalform/konjugierte (finite) Form, z. B.: *ich habe, du hast, er/sie/es hat …* Konjugierte Verben drücken im Satz Person, → Numerus und → Tempus aus, z. B.: *ich habe* = 1. Person Singular Präsens (1. Pers. Sg. Präs.)

Quellenverzeichnis

Textquellen

S. 18 Isabel Abedi: Verbotene Welt. Aus: Dies.: Verbotene Welt. © 2006 Loewe Verlag GmbH, Bindlach, S. 65 - 67, gekürzt

S. 20 Der Adler und die Schildkröte: Aus: http://www.udoklinger.de/Deutsch/Fabeln/Aesop.htm#Das_Pferd_und_der_Esel, geprüft 20.9.2011

S. 21 Der Fuchs und der Esel. Aus: Ebd.

S. 21 Ein Hahn: Aus: Ebd.

S. 22 James Krüss: Gedicht. Aus: Ein Eisbär ist kein Pinguin. Boje Verlag in der Bastei Lübbe GmbH & Co. KG © 2007 Bastei Lübbe GmbH & Co. KG, Köln, S. 53

S. 23 Christian Morgenstern: Das große Lalula. Aus: Ders.: Das große Lalula (Illus von Norman Junge), Aufbau Verlag Berlin, 2004

S. 23 James Krüss: Das zweite Tier... Aus: Ein Eisbär ist kein Pinguin. Boje Verlag in der Bastei Lübbe GmbH & Co. KG © 2007 Bastei Lübbe GmbH & Co. KG, Köln, S. 53; Ders.: Der Löffel sprach... Ebd., S. 75